HERIBERT HABERHAUSEN

Die Botschaft der Krippe

Heribert Haberhausen

Die Botschaft der Krippe

Geschichten einer heiligen Zeit

**Ein Lesebuch für
Advent und Weihnachten**

neukirchener

Die Botschaft von Weihnachten:
Es gibt keine größere Kraft als die Liebe.
Sie überwindet den Hass wie das Licht
die Finsternis.

MARTIN LUTHER KING

MIX
Papier aus verantwortungsvollen Quellen
FSC® C014496

Bibliografische Information der Deutschen Nationalbibliothek:
Die Deutsche Nationalbibliothek verzeichnet diese Publikation in der Deutschen Nationalbibliografie; detaillierte bibliografische Daten sind im Internet über http://dnb.d-nb.de abrufbar.

Umschlaggestaltung: Grafikbüro Sonnhüter,
www.grafikbuero-sonnhueter.de, unter Verwendung eines Bildes
von © Mariia Kutuzova (shutterstock.com)
Lektorat: Susanne Roll, Neuenkirchen-Vörden
Illustrationen: Dr. Michael und Ilka Gieß
Mitarbeit: Dagmar Diadok
DTP: Magdalene Krumbeck, Wuppertal
Verwendete Schriften: Garamond Pro
Gesamtherstellung: GGP Media GmbH, Pößneck
Printed in Germany
ISBN 978-3-7615-6711-1

www.neukirchener-verlage.de

Inhalt

Kinder im Mittelpunkt

In der Familie

Miteinander und Nächstenliebe

Vorwort

An Weihnachten ist in der Kirche noch immer Hochsaison. Fast alle Gemeinden bemühen sich, in die vielen Feiern eine Weihnachtsgeschichte einzubauen.

Dazu bietet Heribert Haberhausen in seinem neuen Buch »Die Botschaft der Krippe« ein reichliches Angebot: Geschichten für Kinder, Jugendliche und Erwachsene, die den Kern von Weihnachten treffen und nicht um Nebensächliches kreisen: manchmal nachdenklich, dann wieder ungeschminkt und aufrüttelnd.

Es sind Kurzgeschichten, die in einer Advents- oder Weihnachtsfeier, ebenso in einer Predigt das Wunder von damals begreiflich machen und besonders in schwierigen Zeiten Hoffnung, Trost und Vertrauen spenden können, kurz: Licht in manche Dunkelheit bringen.

Menschlichkeit ist angesagt, und was wollte Gott mehr sagen, als er uns seinen Sohn schenkte: Bleib Mensch, dann wird das Göttliche in dir sichtbar!

Willi Hoffsümmer

Advent

1 *Der Bote der Liebe*

Vier dicke rote Kerzen stehen auf einem Adventskranz. Die erste sagt: »Ich bin Bote des Friedens. Aber die Menschen bemühen sich nicht um mich. Im Gegenteil! Sie steigern jährlich ihre Rüstungsprodukte. Rivalisierende Stämme, völkische Vereinigungen kämpfen um Vormachtstellungen, Bodenschätze oder Grenzziehungen. Verbrecher töten skrupellos, Machthaber festigen mit Waffengewalt ihre Positionen, Terroristen erzwingen mit Bomben ihre Forderungen. Selbst in den engsten, kleinsten, privatesten Kreisen herrscht Unfrieden, Zank und Streit in den Familien und unter den Angehörigen, in Nachbarschaften und Betriebsgemeinschaften. Darum brenne ich nicht, vergeude an diese Welt nicht mein wärmendes, erleuchtendes und friedliches Licht.«

Die zweite Kerze behauptet von sich: »Ich bin Bote der Ehrlichkeit. Sie bleibt überall auf der Strecke. In den Medien häufen sich die Falschmeldungen, in den sozialen Netzwerken bösartige Fakes. Politiker belügen das Volk, zeichnen sich aus durch Bestechlichkeit. Ehrliche Verbrecher gibt es nicht, aber unehrliche viele. Diebstähle, Einbrüche und Gewalttaten nehmen von Jahr zu Jahr zu. Selbst steinreiche Menschen bestehlen die Allgemeinheit, indem sie ihre Steuererklärung fälschen oder sich sogar vor dem Obolus an den Staat gänzlich drücken. Auch unter Bekannten, Freunden und Angehörigen wird geschmeichelt, gelogen, die Wahrheit verdreht. Darum erleuchte ich niemanden mehr, darum brenne ich nicht.«

Die dritte Kerze stellt sich so vor: »Ich bin Bote des Glaubens. Aber die Menschen kehren der christlichen Lehre, religiösen Vereinigungen, den großen Kirchen mehr und mehr den Rücken zu, beten stattdessen den schnöden Mammon an. Die kirchlichen Feste sind zu kommerziellen Veranstaltungen verkommen, haben ihren Sinn verloren. Die meisten Zeitgenossen betreten die Gotteshäuser nur drei Mal, nämlich: wenn man sie mit ihren kleinen Füßen hineinträgt, wenn sie in diese auf eigenen Füßen in Hochzeitsgewändern schreiten und wenn man sie mit den Füßen voran hinausträgt. Gegen diese Dunkelheit komme ich nicht an, darum brenne ich nicht mehr.«

Die vierte Kerze meint schließlich resignierend: »Ich bin Bote der Hoffnung.« Kaum ein Mensch hat das Vertrauen, den Glauben, die Zuversicht daran, dass sich an dem, was ihr vorgetragen habt, das Geringste ändern wird. Viele wollen es auch gar nicht, sind mit dem Unfrieden, der Unehrlichkeit und Hoffnungslosigkeit eine Symbiose eingegangen. Ein Hoffnungsschimmer am Horizont ist nicht in Sicht. Darum brenne ich nicht.«

Am 24. Dezember leuchten am Weihnachtsbaum unzählige Kerzen. Sie sagen von sich: »Wir sind Boten der Liebe. Unser Licht, unsere Helligkeit, unser Strahlen werden euch anstecken und mitreißen, werden euch positives Denken schenken. Denn die Liebe erträgt alles! Ist friedfertig, glaubt alles, hofft alles! Sie hört niemals auf! Schon gar nicht in der Advents- und Weihnachtszeit.«

2 *Licht Gottes*

Lina bindet mit feinem Draht knorrige Wurzeln zusammen, sodass sie ein Viereck bilden. Dann befestigt sie Tannengrün daran und wickelt darum rotes Schleifenband.

»Das ist der originellste und schönste Adventskranz, den ich je gesehen habe«, staunt die Mutter. »Jetzt müssen wir nur noch die Kerzen darauf stellen.«

Als die erste Kerze brennt, fragt Lina nach dem Sinn des adventlichen Lichterglanzes.

»Licht«, sagt die Mutter, »hat für alle Menschen eine besondere Bedeutung.« Beide setzen sich, und die Mutter erzählt:

»Am Fuße eines aktiven Vulkans auf Java, einer großen Insel im Indonesischen Archipel, liegen zwei Dörfer. Die Bewohner schauen mit Ehrfurcht und Angst auf den Vulkan in ihrer Nähe. Er bedeutet für sie Leben und Segen, aber auch Leid und Sorgen. Wenn dunkle Wolken aus seinem Inneren treten, dann sagen die Alten: ›Er spuckt bald wieder.‹ Und Alt und Jung bringen sich in Sicherheit. Die Menschen fliehen vor der glühenden Lava, die in den nächsten Tagen den Berg herunterrinnen wird. Erst wenn der Vulkan zur Ruhe gekommen ist, kehren sie in ihre Dörfer zurück. Jedes Mal erleben sie dann einen Anblick des Grauens. Die Hütten sind zerstört, die Straßen verwüstet und die Brücken weggerissen. Der mühevolle Wiederaufbau beginnt. Und doch brauchen die Menschen den Vulkanausbruch. Die Lava schenkt dem Boden Minerale, wertvolle Minerale, die ihn fruchtbar und ergiebig machen.

Einmal nun grollte der Vulkan wieder fürchterlich. Schwarzer Qualm stieg in den Himmel und senkte sich dann auf das Land. In die Rauchschwaden zischelte Feuer wie Schlangenzungen. Und dann explodierte der Berg! Glut wurde in die Luft geschleudert, kilometerhoch, Steine folgten, tonnenschwere Lavamassen wälzten sich zu Tal, Bäume und Sträucher mit sich reißend. Die Menschen beobachteten aus respektvoller Entfernung das Inferno. Tagelang wütete der Berg.

Als die Anwohner wieder in ihre Dörfer zurückkehren konnten, erlebten sie eine Überraschung. Ein Wunder war geschehen! Die Häuser, die Straßen und die Brücken waren gänzlich unzerstört. Die Lavamassen hatten sich um die Dörfer herumgewälzt oder waren zwischen ihnen hindurchgeflossen.

In ihrer Freude und Dankbarkeit beschlossen die Ältesten, eine kleine Kirche auf halbem Wege zwischen den Dörfern zu errichten, um Gott im Himmel für seine Güte zu danken. In beiden Dörfern lebten vornehmlich Muslime, die aber Gedankengut des Hinduismus in ihren Glauben mit aufgenommen hatten. Aber es gab auch Christen und Buddhisten dort. Darum überlegten die Ältesten, was sie denn nun als Symbol aufstellen sollten: das Rad der Lehre oder die Lotosblume als Symbol der Heiligkeit, das gespaltene Tor als Zeichen der Unvollkommenheit wie bei den Buddhisten und Hinduisten oder aber das Kreuz der Erlösung, wie es die Christen haben.

›Es ist besser‹, sagte ein Weiser, ›ein Symbol zu wählen, in dem alle Religionen sich wiederfinden.‹

›Das gibt es nicht‹, argumentierten alle anderen. Da holte der alte Mann eine Öllampe aus seinem Gewand hervor, stellte sie in die Mitte und zündete den Docht an. Dann sagte er: ›Gott ist das Licht der Welt. Das Licht erinnert die Menschen aller Religionen an den Allmächtigen. Darum soll es Tag und Nacht in unserer Kirche brennen.‹ »Siehst du«, sagt die Mutter und beendet ihre kleine Geschichte, »das ist der Sinn! Das Licht schenkt uns das Leben.«

Von der Geburt des Erlösers

3 *Das Unsichtbare sehen*

kurz vor Weihnachten

Liebe Nichte,
du fragst mich, ob es das Christkind wirklich gibt. Du schreibst, deine Freunde behaupten, es sei eine Erfindung der Erwachsenen, um einmal im Jahr ein wenig Romantik und Sentimentalität aufkommen zu lassen.

Ich versichere dir, liebe Nichte, deine Freunde irren, und es wäre um uns Menschen schlecht bestellt, wenn sie sich nicht irren würden. Es gibt das Christkind, aber es hat keine lockigen Haare auf dem Kopf und kein immerwährendes Lächeln im Gesicht. Nein, es ist Gottes Sohn, den du nur mit deinem Herzen findest.

Ich weiß, wir Menschen haben uns mehr und mehr daran gewöhnt, nur das zu glauben, was wir sehen und anfassen können oder was wir erforscht haben. Die Fortschritte der Wissenschaften sind auch zu enorm und verführen zu dieser Denkweise. Ich habe gehört, dass sich das Wissen der Menschheit in fast allen Bereichen jedes Jahrzehnt verdoppelt, auf einigen Gebieten, wie dem medizinischen, erreicht man das sogar alle fünf Jahre. Darum neigen viele dazu, nur noch das Beweisbare als gegeben anzuerkennen.

Aber es gibt Dinge, die man nicht messen kann, die man nicht anfassen und sehen kann. Und sie sind doch da, man muss sie nur sehen wollen. Du hast mir erzählt, dass du sehr traurig warst, als im letzten Jahr dein Hund gestorben ist und der Trost, den dir dein Vater spendete, eine große Hilfe war. Trauer und Trost hast du empfunden. Sie waren da, du konntest sie nicht sehen und doch hast du sie gespürt.

Als du uns im vergangenen Jahr auf unserem Bauernhof besucht hast, spieltest du deiner Tante und mir fast jeden Abend eine Melodie auf deiner Blockflöte vor. Die Flöte ist nur ein Stück Holz mit ein paar Löchern. Deine Melodien aber wärmten unsere Herzen. Auch wenn du das Instrument auseinandernimmst, die Melodien siehst du nicht. Doch waren sie da und erfreuten uns. Wie groß war deine Freude, als ich dir zum Dank beim Abschied eine Klarinette schenkte. Dieses Glück hast du im Herzen empfunden.

Oder denke an die Liebe deiner Eltern. Anfassen und sehen kann man sie nicht. Aber wenn du willst, spürst du sie jeden Tag. So ist es auch mit Gottes Liebe zu uns, seinen Geschöpfen. In seinem Sohn wird sie erkennbar. Aber nur, wenn du dich zur Krippe hingezogen fühlst, du musst an das Christkind glauben.

Das Christkind ist also nicht, wie deine Freunde sagen, eine sentimentale Erfindung, sondern Gottes Sehnsucht nach uns Menschen, seine immerwährend ausgestreckte, unsichtbare Hand, die wir ergreifen dürfen. Darum wird man dieses Fest immer feiern, denn es beweist Gottes Liebe zu uns, zu jedem Einzelnen von uns.

In Liebe
Dein Onkel Paul

4 *Gott ist Mensch geworden*

Wer in der Weihnachtszeit die Dorfkirche in Altenmarkt im Pongau betritt, der kann kaum die Krippe übersehen, die vor dem linken Seitenaltar aufgebaut ist. Auf den ersten Blick gleicht sie den unzähligen Krippen, die in dieser Zeit überall aufgestellt sind, überall, wo man sich zum christlichen Glauben bekennt.

Hinter Maria und Josef stehen Ochs und Esel, vor dem Paar liegt das Kind. Das Kind, das der Welt Freude und Hoffnung bringen wird. Vor dem Neugeborenen knien die Hirten, die kleine Gaben in den Händen halten. Zwischen den Hirten verweilen Schafe. Etwas abseits nähern sich dem Kind die Weisen aus dem Morgenland mit ihren Gefolgsleuten und den Kamelen.

Wie gesagt, eine Krippe, die unzähligen anderen gleicht. Auf den ersten Blick wenigstens. Der aufmerksame Betrachter wird jedoch ein wenig verdutzt auf den Hintergrund schauen. Er sieht nicht die kargen Felder Betlehems, dort spannt sich auf einem Leinentuch im halben Rund um diese Krippe das Dörfchen Altenmarkt mit seiner Kirche, den Geschäften, den Wirtshäusern und dahinter die alpine Welt.

Wer noch genauer hinschaut, erkennt, dass die Krippe nicht in einem gewöhnlichen Stall steht wie üblich, sondern dass der Stall den Pongauer Wohnhäusern gleicht. Er ist erbaut auf einem steinernen Sockel und zeigt den hölzernen Aufbau der hiesigen Häuser. Dazu hat er den ausladenden Balkon, zu dem die typisch breite Treppe hinaufführt. Der Stall ist also exakt so gebaut wie die Häuser in dieser Gegend.

Wer weiterhin im stillen Betrachten verweilt und schon längere Zeit hier im Dorf lebt, der erkennt in den Gesichtern der Hirten Menschen, die ihm hier in Altenmarkt begegnet sind, den Wirt, in dessen Gasthaus die meisten Besucher des Ortes öfter gespeist haben, die Kassiererin vom Supermarkt, die immer so freundlich lächelt, selbst den Pfarrer der Gemeinde. Wer sich dann setzt und in der Stille über die Botschaft des Künstlers nachdenkt, dem wird klar: Gott ist Mensch geworden, nicht nur in Betlehem, sondern auch hier in Altenmarkt und überall.

5 *Heute ist euch der Retter geboren*

Der Pfarrgemeinderat hat beschlossen, eine neue Krippe anzuschaffen. Nach ausgiebiger Diskussion einigt man sich darauf, den Auftrag dem hiesigen Künstler Franz Oberhofer zu erteilen.

»Haben Sie besondere Wünsche?«, fragt dieser, als man ihn informiert.

»Die Figuren sollen aus Holz geschnitzt sein und dürfen nicht zu bunt bemalt werden. Alles andere überlassen wir Ihnen, dem Künstler«, sagt der Pfarrer.

Franz Oberhofer begibt sich an die Arbeit, schließlich soll die neue Krippe Weihnachten in der Kirche stehen. Zwei Monate schnitzt er an den Figuren von morgens bis abends. Am dritten Adventssonntag liefert er sein Werk ab. Erst zeigt er die Schafe, einige liegen, andere grasen.

»Naturgetreu getroffen«, sagt der Pfarrer und die anderen nicken, sie verstehen etwas von den Tieren, denn sie haben selbst welche. Ebenso bewundern sie den Ochsen und den Esel. Danach werden die Hirten vorgeführt, die als Erste zur Krippe kamen, um das Kind anzubeten. Kräftige Männer, manche gehen, einige knien. Die meisten tragen weite Mäntel und breite Hüte. Auch die Geschenke, die sie in den Händen halten, hat der Künstler nicht vergessen.

Nun präsentiert er die Heiligen Drei Könige: Melchior mit langem Gewand, Caspar mit goldener Krone und Balthasar mit festlicher Robe. Alle drei bringen ihre Gaben mit. Jeder hält ein Kamel am Zügel.

Dann zeigt er Maria und Josef, das heilige Paar. Maria senkt liebevoll ihren Blick, während Josef mit stolzer Miene auf das Kind schaut, das der Künstler als letzte Figur hervorholt.

Als er sie hochhebt, geht ein Raunen durch den Saal. Die Anwesenden sind überrascht, die meisten entsetzt. Das Gesicht des Kindes ist das Antlitz eines Mannes mit leidvollem Gesicht, auf dessen Kopf die Dornenkrone drückt und Blut und Schweiß über die Wangen rinnen.

6 *Aus Dunkelheit wird Licht*

»Schau nur, Vati«, schrie Johannes, »der Himmel verfinstert sich.« Sie sahen beide hinaus. Dunkelheit breitete sich über der Stadt Jerusalem aus. Am helllichten Tage verlor die Sonne ihren Glanz.

»Geh in die Küche und hol eine Öllampe!«, forderte Vater Naib seinen Sohn auf. »Ich werde den Docht anzünden, damit wir etwas Licht in diese Dunkelheit bekommen.« Johannes rannte los, ihm war unheimlich zumute. Das hatte er noch nie erlebt, Dunkelheit zur Mittagszeit! Im Schummerlicht warteten beide auf die Rückkehr der Mutter, die auf dem Markt Obst und Gemüse anbot.

Plötzlich erschütterte ein kräftiger Erdstoß das Haus, ließ die Lehmwände erzittern und Risse bekommen. Kurze Zeit später kam abgehetzt die Mutter zurück. Sie hatte ihre Waren schnell zusammengerafft und war heimgeeilt. »Der ganze Marktplatz bebt«, berichtete sie, »von den Dächern stürzen reihenweise die Holzziegel, Gräber öffnen sich.«

Sie setzte sich neben ihren Mann und berichtete: »Die Leute meinen, diese Wetterkapriolen haben mit dem Mann zu tun, den Pilatus hat hinrichten lassen, weil er von sich behauptete, er sei der Messias, der König der Juden. Er hat dies zwar durch ungewöhnliche Wunder immer wieder belegt, aber Könige darf nur der Kaiser in Rom ernennen. Er hat sich ein Privileg angemaßt, das nur dem Kaiser zusteht. Darum hat ihn der Statthalter zum Tod am Kreuz verurteilt.«

Der Vater erklärte seinem Sohn: »Das ist eine Strafe für entlaufene Sklaven, Volksaufwiegler und Rebellen, aber auch sonstige Schwerverbrecher. Auf der Via Appia, auf der Straße nach Rom, reiht sich oft ein Kreuz an das andere.«

Dann hielten sich die Drei fest an den Händen und hofften, dass dieses ungewöhnliche Naturphänomen schnell vorbeiging.

Nach einiger Zeit des Schweigens meinte der Vater: »Vor mehr als dreißig Jahren war ich mit anderen Hirten auf den Feldern vor den Toren Betlehems. Wir hatten auch eine andere merkwürdige Naturerscheinung. Nur genau umgekehrt! Mitten in der Nacht wurde der Himmel taghell. Eine himmlische Heerschar erschien uns. Wir erschraken alle sehr. Ein Engel, den helles Licht umstrahlte, sagte zu uns: ›Fürchtet euch nicht, denn ich verkünde euch eine große Freude, die dem ganzen Volk zuteilwerden soll. Heute ist in der Stadt Davids der Retter geboren; er ist der Messias, der Herr‹.«

Nach diesen Worten schwieg der Vater lange, sehr lange und meinte dann: »Vielleicht hängen beide Ereignisse zusammen und der Allmächtige hat uns doch den Retter geschickt, uns seinen Sohn gesandt, auf den wir seit Jahrhunderten gewartet haben. Ich glaube, das will er uns mit diesen besonderen Ereignissen sagen. Wenn das so ist, müssen wir umdenken, unser Handeln ändern.«

Die Botschaft der Krippe

7 *Er ist der Retter der Welt*

Als die Engel den Hirten auf den Feldern die Nachricht verkündeten, dass Jesus, der Retter der Welt, geboren ist, war unter ihnen auch ein alter Mann. Sein Sohn sagte zu ihm: »Vater, meine Kollegen und ich begeben uns nach Betlehem, um diesem Kind zu huldigen. Ich bitte dich, hier zu bleiben und die Schafe zu hüten. Einer muss sie vor dem Wolf beschützen. Ohnehin ist der Weg zu lang und zu beschwerlich für dich. Du würdest ihn kaum schaffen.« Er machte eine kurze Pause und zeigte mit dem Finger auf die in der Ferne liegende Stadt.

Dann setzte er hinzu: »Es ist zudem gut, wenn du auf meinen Sohn, deinen Enkel, aufpasst. Auch ihn können wir nicht mitnehmen, denn er ist krank und zu klein für einen solch langen Marsch.« Der Großvater erwiderte nichts, nickte nur stumm mit dem Kopf. Dann legte sich der Aufbrechende ein Lämmchen auf die Schultern, nicht ohne zuvor ein anderes beiseite gestoßen zu haben. Es war nicht leuchtendhell wie die anderen, sondern dunkel. Eben das schwarze Schaf in der Herde!

Da saßen nun die Drei und schauten den anderen traurig hinterher.

Gegen Mitternacht kehrten alle zurück und sprachen aufgeregt durcheinander. Der Großvater und sein Enkel hörten heraus, dass sie das neugeborene Kind gefunden hatten, wie der Engel es ihnen verheißen hatte.

Es war spät geworden, darum legten sich alle zur Ruhe. Jetzt machten sich die Drei, der alte Mann, das kranke Kind und das schwarze Schaf, auf den Weg zu dem Stall, in dem sie das Kind vermuteten. Sie brauchten sehr lange für den Hinweg, weil sie immer wieder längere Pausen einlegen mussten. Das Schaf wartete stets geduldig auf die ruhebedürftigen Begleiter. Nach zwei Stunden erreichten sie den Stall, in dem das Elternpaar fest und ruhig schlief. Das Kind aber war hellwach und spielte mit einem Strohhalm.

Als es die ungleichen Ankömmlinge sah, lächelte es und streckte ihnen seine kleinen Arme entgegen. Es hieß sie mit dieser Geste herzlich willkommen. Der Großvater freute sich darüber so sehr, dass er zu seinem Enkel sagte: »Er ist wirklich der Retter der Welt. Er ist in die Welt gekommen, um sich der Schwachen und Kranken anzunehmen. Er lässt die

Kinder zu sich kommen, nimmt sich besonders der Armen, der Alten, der Kranken und der schwarzen Schafe an.« Mit großer Dankbarkeit im Herzen fügte er hinzu: »Sieh nur, wie er sich über unseren vierbeinigen Begleiter freut!«

Beseelt machten sie sich auf den Heimweg und waren zurück noch bevor die anderen erwachten.

8 *Das Schnuckeltuch*

In jener Nacht, als das Kind im Stall geboren wurde, schlief Raphael bei den Schafen, die er tagsüber mit seinem Vater und seinen großen Brüdern auf den Feldern gehütet hatte. Es waren nicht ihre eigenen, sondern Schafe eines reichen Herrn.

Raphaels Familie war arm, denn der Lohn, den die Hirten bekamen, war gering. So kam es, dass er sich abends oft mit knurrendem Magen auf sein Lager legte. Damit er den Hunger nicht so spürte, kaute er auf seinem Schnuckeltuch, bis er einschlief. In jener Nacht, als das Kind im Stall geboren wurde, hatte Raphael zwei dicke Schafe rechts und links neben sich auf sein dünnes Strohlager gelegt. Sie wärmten ihn, denn die Nacht war kalt. Raphael hatte schon geschlafen, als Licht und Lärm ihn aufweckten. Seine Brüder liefen aufgeregt durcheinander.

Ephraim, der älteste, stürzte auf Raphael zu und rief: »Der Heiland ist geboren! Die Engel haben es uns gesagt.«

Dann griff er ein kleines Lämmchen und rannte los, den Berg hinauf zu dem anderen Stall, wo er das Kind vermutete.

»Ich schenke dem Kind ein Knäuel Wolle«, rief Josef und eilte seinem Bruder nach. Raphael beobachtete den Vater, der ein Stückchen Brot in sein Gewand steckte. Der Junge kroch unter den Schafen hervor, ergriff sein Schnuckeltuch, das ihm während des Schlafens aus der Hand geglitten war, und folgte dem Vater und den Brüdern. Er rannte, so schnell er konnte, doch er verlor die Geschwister mehr und mehr aus den Augen.

Aber Raphael wusste, das Kind konnte nur in dem Stall sein, in dem er einen Ochsen und einen Esel gesehen hatte. Nur in diesem Stall lag noch Stroh, auf das die Mutter ihr Kind legen konnte. Raphael hatte sich selbst heute Mittag ein wenig davon für sein Nachtlager genommen.

Als er den Stall erreichte, sah er seine Brüder und seinen Vater, die vor der Krippe, in der das Kind lag, knieten. Ihre Geschenke hatten sie auf den Boden gelegt: das Lamm, die Wolle, das Stückchen Brot. Raphael wunderte sich sehr, denn seine Brüder waren raue Gesellen, die sich eher rauften, als dass sie vor einem Kind zu Boden fielen.

»Es muss ein ganz besonderes Kind sein«, dachte Raphael und war traurig, dass er nichts mitgebracht hatte. Er war den anderen mit leeren Händen gefolgt.

»Aber nicht mit ganz leeren Händen«, überlegte er und schaute auf sein Schnuckeltuch. Auf Zehenspitzen trat er neben die Krippe. Vorsichtig, um das Kind nicht zu wecken, legte Raphael seinen einzigen Besitz neben den Kopf des Heilandes, das Schnuckeltuch.

9 *Mehr als eine leere Krippe*

1945: Die Menschen feiern das erste Weihnachtsfest nach dem Ende des Zweiten Weltkrieges. Viele wie wir fern der Heimat! Wir waren wie andere Familien aus den deutschen Ostgebieten geflohen. Uns hatte es in ein kleines Dorf im Sauerland verschlagen. Mein Onkel brachte meine Mutter, meine drei Schwestern und mich in zwei kleinen Zimmern unter. Wir waren froh und dankbar darüber. Andere Vertriebene, die auch ihr Zuhause verloren hatten, suchten verzweifelt nach einer Bleibe in dieser kalten Jahreszeit, zudem im sehr eisigen Winter. Vati war noch nicht aus dem Krieg zurückgekommen. Wir erwarteten sehnsüchtig seine Heimkehr, hofften, ihn gesund und unversehrt wiederzusehen.

Diese Weihnacht nach einer anstrengenden, kräftezehrenden, lebensgefährlichen Flucht war die erste in meiner neuen Heimat. An einen geschmückten Baum, kleine Geschenke, gar festliches Essen dachte keiner. Wir waren froh, ein paar Scheite Holz für ein Feuer zu haben, das uns ein bisschen wärmte. Ganz nah hockten wir zusammen am Herd und sangen Weihnachtslieder. Mutter las uns aus dem Evangelium von der Geburt Christi vor.

Plötzlich klopfte es an der Tür. Mein Onkel trat ein und brachte uns eine kleine selbst gebastelte Krippe: Die Wände waren kleine Holzbretter, den Eingang zierten gebogene Weidenruten und das Dach bestand aus geflochtenem Stroh. Figuren gab es keine, weder Maria und Josef noch das Kind, weder Engel noch Hirten. »Vielleicht«, sagte mein Onkel, »schnitze ich bis morgen noch ein Jesuskind.«

»Und wir zimmern eine Futterstelle, in die wir es legen können«, schlug meine Mutter vor. Wir Kinder stimmten freudig zu, wollten am liebsten gleich damit beginnen.

Wir verstanden seine Botschaft. Die heilige Familie hatte keine Herberge gefunden. Er sagte uns mit der Krippe, dass er uns gern aufgenommen, von Herzen willkommen geheißen hat. Die Aussicht, die Krippe morgen schon ein wenig auszuschmücken, sollte in uns die Hoffnung wecken, dass es aufwärts gehen wird, aufwärts für alle – für die Vertriebenen und Nichtvertriebenen – nicht nur materiell, sondern auch seelisch.

Denn die Weihnachtsbotschaft ist eine Botschaft gegen die Angst. »Fürchtet Euch nicht«, hat der Engel gesagt. Angst und Schrecken hatten wir auf der Flucht genug erlebt. »Friede den Menschen auf Erden« hat der himmlische Bote auch verkündet, nach dem wir uns während dieser langen Zeit des Krieges, einer Zeit maßloser Zerstörung, sinnlosen Tötens und grenzenlosen Hasses so sehr gesehnt hatten. Wir hofften, dass es für immer eine Weihnachtszeit geben wird, in der wieder gegenseitiges Vertrauen, Menschlichkeit und Nächstenliebe herrschen werden.

10 *Die Botschaft der Krippe*

Ich heiße Gordana Nicolic. Wenn man mich fragt, welches Weihnachtsfest ich nie vergessen werde, dann bekenne ich, jenen Heiligen Abend, den wir erlebten nach Ausbruch des schrecklichen Bürgerkrieges im ehemaligen Jugoslawien. Tief traf uns dieser furchtbare Krieg, in dem Freunde zu Feinden wurden, Nachbarn zu Gegnern, in dem hinterhältige Heckenschützen auf wehrlose Menschen schossen wie Jäger auf Freiwild, als viele von uns nicht verstanden, warum Hass in einem solchen Ausmaß ausbrechen konnte. Eine Zeit, in der die Botschaft ›Frieden den Menschen auf Erden, die guten Willens sind', ungehört verhallte.

Meine Kinder und ich – mein Mann war schon in den ersten Kriegstagen umgekommen – mussten unser Zuhause fluchtartig verlassen. Wir hatten kaum Gelegenheit, die notwendigsten Dinge zusammenzupacken.

Wir lernten die Trostlosigkeit des Lagerlebens kennen. Mein kleiner Luca sagte am vierten Adventssonntag mit weinerlicher Stimme zu mir: »Wir werden dieses Jahr keine Weihnachtsplätzchen backen.«

›Wir werden froh sein, wenn wir überhaupt etwas zu essen bekommen‹, dachte ich, sagte aber nichts. Ob meine große Tochter Mara meine Gedanken erriet, weiß ich nicht. Ihr Blick war todtraurig in einer Zeit, in der anderswo Kinderaugen überglücklich strahlen.

Am Heiligen Abend war es klirrend kalt. Vielleicht war der Winter hier immer so, aber jetzt, ohne Brennstoffe, schien er mir besonders frostig zu sein. Dazu kam die Freudlosigkeit. Nirgendwo spielte Weihnachtsmusik oder erklangen Lieder, nirgendwo roch man Festliches. Nur eins tröstete uns: Wir waren dem Donner der Kanonen, dem Hagel der Granaten entgangen.

In diese Niedergeschlagenheit stellte ein alter Mann eine Krippe in unsere Mitte. Er hatte sie auf einem dicken Brett gebaut. Die Stallwände waren aus Pappe. Feste Stöcke trugen das Strohdach, gebogene Weidenstäbe bildeten den Eingang zum Stall. Dort standen Maria und Josef, und in der Krippe lag das Kind, Bote des Friedens.

Zum Stall eilten ein paar Hirten mit ihren Schafen. All die Figuren waren aus festem Papier geschnitten und aufgemalt. Ein Stückchen Holz verhinderte das Umfallen. Im Eingang – rechts und links – brannten zwei Kerzen.

Wir betrachteten den Stall in unserer Mitte. Es wurde Weihnachten in uns – vielleicht zum ersten Mal. Wir verstanden die Botschaft des Kindes: Die Liebe muss den Hass überwinden.

11 *Eine Völkerfamilie*

Als die Weisen aus dem Morgenland auf der Suche nach dem neugeborenen Kind noch sehr weit von der Stadt Betlehem entfernt waren, fiel Caspar auf, dass die Menschen in dieser Gegend wie seine beiden Begleiter, alle hellhäutig waren. Seine Schritte wurden von Tag zu Tag schwerer. In den nächsten Nächten schlief er unruhiger als je zuvor. Ihn plagte der Gedanke: Bin ich hier falsch am Platz?

In Betlehem angekommen, bestanden seine Begleiter darauf, den Prinzen im Palast des Königs zu suchen. Dort empfing sie Herodes, ein großer, kräftiger Mann, der einem Angst einflößen konnte. Er betrachtete sie mit ernster, argwöhnischer, misstrauischer Miene. Diese verfinsterte sich noch mehr, als sie ihm sagten, dass sie auf der Suche nach einem neugeborenen König seien. Dabei musterte er den Dunkelhäutigen besonders missfallend. Caspar glaubte, seine Gedanken lesen zu können. Er spürte, dass er sich fragte, ob dieser ein Kundschafter aus dem Süden des Kontinents sei. Caspar spürte, er war dem Herrscher suspekt, fühlte seinen Argwohn und seine Ablehnung.

Nach einer Erfrischung drängte Herodes sie zum Aufbruch mit der eindringlichen Bitte, ihm den Aufenthalt des Kindes bald mitzuteilen. Caspar schloss sich seinen Wegbegleitern missmutig an, fühlte sich als einziger Schwarzer unter den Weißen noch unwohler, völlig deplatziert.

Nach einer weiteren schlaflosen Nacht erreichten sie in den Morgenstunden einen Stall mit einem Elternpaar und seinem Kind, das in einer Krippe lag, wie sie es in den Schriften gelesen hatten. Obwohl es schon taghell war, stand der Stern, der sie geführt hatte, immer noch leuchtend hell über der verfallenen Unterkunft für Tiere. Sie wussten, sie hatten ihr Ziel erreicht. Was Caspar sah, erhellte nicht seine Stimmung. Alle waren hellhäutig, nur er nicht. Es schien ihm, als hätten sich selbst Ochs und Esel diesem Aussehen angepasst.

Das Kind lächelte aber ihnen allen dreien gleichermaßen wohlwollend zu. Als er dem Neugeborenen seinen Myrrhezweig reichte, strich er damit über Caspars Handinnenflächen und schaute ihn dabei liebevoll an. Als Caspar den Stall verlassen hatte und diese betrachtete, staunte er. Seine Handflächen waren jetzt heller als der Handrücken und er verstand, was das Kind ihm sagen wollte. Sie sind zwar heller, aber nicht schöner. Sie gefallen dir nicht. Sei darum froh darüber, wie mein Vater im Himmel dich geschaffen hat! Gleich welche Hautfarbe er dir gegeben hat, ob schwarz oder weiß, ob rot oder gelb, ihr seid alle seine Kinder, bildet zusammen eine große Völkerfamilie. Ich bin gekommen, um in eurer Mitte zu sein, um euch die Liebe zu geben, die ihr auch einander schenken solltet.

12 *Mutiger Angsthase*

Jedes Jahr durfte eine Klasse der Burgschule im Weihnachtsgottesdienst, an dem auch immer viele Eltern und Verwandte teilnahmen, ein Krippenspiel aufführen. Diesmal war die 4c an der Reihe. Lehrer Winkler hatte das Stück »Herbergssuche« ausgewählt. Die Rollen waren schnell besetzt und entsprachen der Hackordnung in der Klasse. Den Josef spielte Maximilian, der Klassensprecher, die Maria Lena, seine Stellvertreterin, die Hirten Julian, David und Milan, die Hirtinnen, auch die gab es, Ella, Lisa und Nela, stets Anführer oder Anführerinnen bei Abstimmungen und Vorhaben. Der Rest der Klasse bildete die Häuser und Herbergen, indem sich immer zwei von ihnen an den erhobenen Händen hielten und so Wände und Dächer bildeten. Dazwischen standen die Wirte. Alle Beteiligten hatten ihre Kostüme selbst ausgewählt und gefertigt. Einige von ihnen, die die Herbergen darstellten, hatten sich Pappkartons mit aufgemalten Holzbalken und Ziegeln umgehängt. Nur Jonathan beachtete keiner.

Im Gottesdienst wurde – entsprechend dem Lukasevangelium – das heilige Paar, wo immer es anklopfte, um Einlass oder Unterkunft bat, stets abgewiesen, von einem Wirt, der sich »im Haus« befand. Als Pfarrer Großmann ans Lesepult trat und sagte: »Die Kinder haben ein schönes Krippenspiel aufgeführt«, trat Jonathan, der als Angsthase, Bangebüx und Muttersöhnchen verschrien war und nicht selten von den anderen damit aufgezogen wurde, darum auch mit keiner Rolle bedacht worden war, seinen ganzen Mut zusammennehmend, aus der letzten Bank und schrie laut: »Das war doch kein schönes Krippenspiel! Das war nicht weihnachtlich!« Dabei fuchtelte er mit beiden Händen durch die Luft, gebärdete sich zornig.

Es wurde mucksmäuschenstill in der Kirche. Man hätte eine Stecknadel fallen hören können. Alle Köpfe drehten sich ruckartig um. Ein Mann, der am Durchgang saß, versuchte den »Flegel« aufzuhalten. So sah Jonathan auch aus. Seine Haare waren ungekämmt, sein Hemd hing aus der Hose, sein Aussehen war erbärmlich. Jetzt wuchs der Angsthase über sich hinaus, spielte eine Rolle, seinen Part, der im Stück gar nicht vorgesehen war, den er sich aber bei den Proben ausgedacht und vorgenommen, aber noch nie ausgeführt hatte. Er fauchte den Fremden an: »Lassen Sie das!« Entsetzt waren die Gläubigen über so viel Unverfrorenheit in einem besinnlichen Gottesdienst. Er aber schritt langsam durch den Mittelgang.

Der Geistliche fragte ihn: »Jonathan, was hat dir denn nicht gefallen?« Seine Mitschüler kannten ihn nicht wieder und wollten wissen: »Haben wir denn nicht gut gespielt?«

Der Klassensprecher meinte: »Wir haben doch so fleißig geübt.«

Jonathan ging zu den hinteren Häusern und bat seine Mitschüler und Mitschülerinnen, das Stück noch einmal aufzuführen. Er änderte den Schluss. Im letzten Haus wurde Maria und Josef Unterkunft gewährt.

Der Priester sah Jonathan lange an. Es herrschte Totenstille. Dann sagte er aus tiefstem Herzen, lobend, bewundernd, anerkennend: »Jonathan hat recht. Weihnachten bedeutet, Jesus anzunehmen, aufzunehmen, sich zu ihm zu bekennen.«

Danach versammelten sich alle Akteure auf der untersten Stufe des Altarraumes und verneigten sich. Den meisten Applaus bekam Jonathan, der inzwischen sein Hemd in die Hose gesteckt und seine Haare mit den Fingern gekämmt hatte. Seine Klassenkameraden umringten ihn. Sie hatten die Botschaft der Weihnacht verstanden, indem sie Jonathan akzeptierten, ihn in ihre Gemeinschaft aufnahmen, in der bisher kein Platz für ihn war.

13 *Ein bekanntes Weihnachtsmärchen*

Heute, am vierten Adventssonntag, besucht Anna ihre Großeltern. Worauf sie sich besonders freut, sie darf über Nacht bei ihnen bleiben. Weil schon die Weihnachtsferien begonnen haben, muss sie nicht früh aufstehen. Sie hat Zeit, in aller Ruhe mit Oma und Opa zu frühstücken. Ihre Mutter holt sie erst gegen Mittag ab. Diese ist froh, dass sie sich eine Zeit lang nicht um ihre Tochter kümmern muss, denn in den letzten Tagen vor dem Fest gibt es wie immer noch so viel zu erledigen.

Nach einem Gang mit den Großeltern durch den Freizeitpark »Märchenwald«, in dem es viele dieser Erzählungen an verschiedenen Stationen zum Miterleben gibt, einem gemütlichen Abendbrot mit Eierkuchen, Annas Lieblingsgericht, wird es Zeit, zu Bett zu gehen. Großmutter Barbara hat diesmal kein Buch in den Händen, aus dem sie wie gewohnt vorliest, sie setzt sich auf die Bettkante und sagt: »Heute möchte ich dir ein schönes Weihnachtsmärchen erzählen.«

Sie legt die Hände auf die Bettdecke und beginnt: »Es war einmal ein braves Mädchen, dessen Eltern gestorben waren. Es war mutterseelenallein auf der Welt und dazu sehr arm, hatte kein Kämmerchen mehr, darin zu wohnen und kein Bettchen, darin zu schlafen, nur ein Kleid auf seinem Leib und ein Stückchen Brot in seiner Hand. Verlassen von allen ging es im Vertrauen auf den lieben Gott hinaus in die Welt. Es traf auf einen Bettler, der es um ein Stückchen Brot anflehte. Das herzensgute Kind, das ja selbst kaum etwas zu essen hatte, gab ihm trotzdem seines.«

Anna schaut ihre Großmutter mit großen Augen an, sagt nichts, denkt aber: »Das ist doch das bekannte Märchen ›*Der Sterntaler*‹ und keine Weihnachtsgeschichte.«

Die Großmutter fährt unbeirrt fort: »Nachdem es eine Weile gegangen war, traf es auf ein Mädchen, das fror. Es hatte Mitleid mit der Armen und weil es schon dunkel war, zog es sein Kleid aus und schenkte es ihm. Und wie es so dastand, fielen auf einmal ein Hemd und viele Sterne vom Himmel, die zu blanken Talern wurden. Es sammelte die Geldstücke auf und war nun reich für sein Lebtag.«

»Und wenn es nicht gestorben ist, dann lebt es noch heute«, fügt Anna hinzu. Dann schüttelt sie den Kopf und sagt: »Oma, das ist doch keine Weihnachtsgeschichte.«

»Oh, doch«, meint die Großmutter, »eine sehr schöne dazu.« Sie streichelt ihrer Enkelin liebevoll über das Haar und erklärt: »Mit der Geburt Jesu beginnt eine neue Zeit. Er sagt: ›Was ihr dem Geringsten meiner Brüder getan habt, das habt ihr mir getan. Ich war allein und ihr habt mich getröstet. Ich war hungrig und ihr habt mir zu essen gegeben. Ich war nackt und ihr habt mich bekleidet‹. Das Mädchen hat im Sinne des Kindes, des späteren Messias, gehandelt. Jesus verspricht uns aber auch, dass wir für unsere guten Taten belohnt werden, wenn nicht in dieser, dann doch in einer anderen Welt.«

»Im Märchen geschieht das umgehend«, witzelt Anna. Die Großmutter sieht ihre Enkelin an, die dann doch nachdenklich geworden ist und meint: »Der Heiland revolutioniert auch das Gedankengut der Menschen. Er ermahnt sie, nicht nur unseren Nächsten zu lieben, nein, er verlangt sogar, auch unsere Feinde gern zu haben, auch denen Gutes zu tun.« Dann lächelt Oma Barbara und ist sich sicher: »Feinde hast du nicht, aber in der weihnachtlichen Zeit viel Gutes zu tun, kannst du dir schon vornehmen.«

»Ich werde morgen den Frühstückstisch decken und nachher die Spülmaschine einräumen«, verspricht Anna.

»Das wäre schon ein Anfang«, lächelt die Großmutter, gibt ihr einen Kuss auf die Stirn und wünscht ihr eine gute Nacht.

14 *Eine ganz besondere Krippe*

Mein Großvater ist 92 Jahre alt, aber noch immer einigermaßen gut zu Fuß. Mit seinem Krückstock kann er sich sehr sicher fortbewegen. Zumeist! Auch am heutigen Heiligabend, nur anders als normalerweise. Er stolperte, ob über die Kante des Teppichs oder über seine eigenen Füße, ist nicht mehr auszumachen. Spielt auch keine Rolle! Er stürzte, suchte Halt und riss dabei die mit allen Figuren aufgebaute Krippe herunter. Sie stand immer auf einem Sockel, auf dem eine große mit Moos bedeckte Platte lag.

Jetzt nicht mehr! Mein Großvater blieb unversehrt. Alles andere nicht! Es schepperte furchtbar, als die Figuren im hohen Bogen durch die Luft flogen und auf dem Fußboden landeten, auf den harten Fliesen. In dem großen Scherbenhaufen konnte man nicht mehr unterscheiden, wer was war. Maria und Josef, Hirten und Könige, Schafe und Kamele, Ochs und Esel bildeten ein buntes Mosaikgeflecht.

Mein Großvater rappelte sich auf, schaute sich um und kommentierte die Situation mit: »Oh!« Er war schon immer sehr wortkarg. Mein Vater dagegen war bedeutend redseliger und meinte: »Verdammter Mist!«

Meine beiden Schwestern sagten weder das Eine noch das Andere. Moni, die Ältere, analysierte die Lage messerscharf und sagte: »Der Stall und der Futtertrog haben überlebt. Alles andere müssen wir ersetzen, wenn wir heute Abend nicht vor einer leeren Krippe sitzen wollen.« Sie und meine andere Schwester liefen in ihr Zimmer und schleppten an, was sie hatten. Auch ich lieferte meinen Beitrag. Zu dritt waren wir erfolgreich. Und wie!

Prinzessin Lillifee war jetzt die Maria, Spiderman Josef, als Hirten präsentierten sich Lukas der Lokomotivführer, Bob der Baumeister und Marvel der Superheld, begleitet von Shaun dem Schaf.

Die Weisen aus dem Morgenland kamen von überall her, denn sie waren Asterix mit Obelix aus einem kleinen gallischen Dorf und Winnetou, der Häuptling der Apachen mit seinem Blutsbruder Old Shatterhand aus dem Wilden Westen. Sie brachten als Gaben einen Zaubertrank und eine Friedenspfeife mit. Auch die Tierwelt konnte sich sehen lassen. Vor dem Stall versammelten sich Janoschs Tigerente, Pu der Bär und viele niedliche Hatchimals. Das bunte Bild vervollständigten als Zaungäste Pumuckl mit roten Haaren und Pippi Langstrumpf mit abstehenden Zöpfen, My Little Pony mit Glitzerflügeln und einäugige Minions mit blauen Latzhosen.

Großvater, ein sehr vorausdenkender Mann, betrachtete eine Weile von seinem Ohrensessel aus die etwas andere Krippe, wurde dann ungewöhnlich redselig und meinte tiefsinnig: »Sehr modern! Sehr fortschrittlich! Früher haben die Krippenbauer den Hintergrund orientalisch gestaltet, bis modernere Künstler ihn in die alpine Bergwelt, ins hügelige Sauerland oder die flache Lüneburger Heide verlegten und den Menschen damit sagten: Gott ist Mensch geworden, nicht nur in Betlehem, sondern überall auf der Welt. Unsere Krippe sagt: Gott ist Mensch geworden, nicht nur überall auf der Welt, sondern auch in den Herzen aller Menschen, die guten Willens sind.«

Er machte eine Pause und meinte dann: »Guten Willens seid doch ihr gewesen. Das habt ihr bewiesen. Ihr habt nicht gemeckert, nicht geschimpft, als Übles geschah, aber das Beste daraus gemacht. Gott ist Mensch geworden in euren Herzen.«

Legenden

15 *Eine Legende vom Weihnachtsstern*

Frau König hat mit ihrer Tochter die letzten Weihnachtseinkäufe erledigt. Auf dem Heimweg kommen sie an einem Blumengeschäft vorbei, in dessen Eingang viele wunderschöne Weihnachtssterne stehen. »Die sind toll«, freut sich Nora und hockt sich vor sie hin. »Lass uns einen mitnehmen, Mama! Bitte!« Sie darf sich den Schönsten aussuchen.

Sie verstauen ihre Einkäufe, dann stellt Nora ihren Weihnachtsstern, denn er gehört nur ihr, an dem sich aber die Eltern auch erfreuen dürfen, auf die Blumenbank am Esszimmerfenster.

Nachdem sich beide ein Stückchen vom Christstollen genommen haben, setzen sie sich vor den Stern und die Mutter beginnt zu erzählen: »Wir nennen diese wunderschöne Blume ›Weihnachtsstern‹, weil sie zumeist in dieser Zeit blüht. Die Franzosen sagen zu ihr ›Etoile d'amour‹, Liebesstern. Rot steht nämlich für Liebe, Wärme und Leidenschaft. In China trägt die Frau zur Vermählung nicht wie bei uns ein weißes Brautkleid, sondern ein rotes. Verliebte schenken sich rote Rosen beim ersten Rendezvous, Verheiratete zum Hochzeitstag, manchmal sogar einen dicken Strauß. Rot ist das Feuer, das wärmt, rot ist unser Blut, unser Lebenssaft. Rot ist zugleich die Farbe, die unsere Gefühle verrät. Wir erröten, wenn wir uns schämen, wir sehen Rot, wenn wir uns furchtbar ärgern. Sie ist aber auch die Lieblingsfarbe vieler Kinder.«

Frau König schaut ihre Tochter an und fragt: »Deine doch auch, oder?« Nora nickt.

Die Mutter fährt fort: »Der Weihnachtsstern ist in Mexiko beheimatet. Dort ist er nicht ein kleines Pflänzchen wie bei uns, sondern ein dicker Strauch, manchmal sogar ein richtiger Baum. Eine Legende sagt, viele Kinder einer kleinen Gemeinde brachten dem Neugeborenen in der Krippe Geschenke, zumeist Essbares, das man später an die Notleidenden verteilte. Ein armes Mädchen, es hieß Maria – wie die Mutter Gottes – hatte nichts, was es dem Kind schenken konnte. In seiner Not pflückte es von einem Strauch ein paar Zweige mit grünen Blättern und kleinen Knospen ab. So hielt es auch etwas in den Händen. Später steckte es diese neben das Neugeborene ins Moos. Es geschah ein Wunder. Am Heiligabend leuchteten die Blätter in hellem Rot. Darum nennen die Menschen sie in diesem Land

›Flores de Noche Buena‹, das heißt ›Blume der Heiligen Nacht‹.«

Mit liebevollen Blicken schaut die Mutter ihre Tochter an, dann den Weihnachtsstern und meint: »Die Sterne müssen am Himmel bleiben, dieser aber darf unter uns Menschen sein wie das Jesuskind, der Heiland, der Retter der Welt. Daran erinnert uns diese Blume.«

16 *Die Legende vom vierten König*

In einer alten Legende ist nicht von drei heiligen Königen die Rede, sondern von vier. Danach hatte sich neben den drei Weisen noch ein weiterer auf den Weg zu dem neugeborenen König der Juden gemacht. Er hatte nicht Weihrauch, Gold und Myrrhe bei sich, sondern drei Edelsteine, die er dem Kind schenken wollte. Stand das Gold für Verehrung, der Weihrauch für Huldigung und die Myrrhe für Lobpreisung, so symbolisierten die Edelsteine die Liebe.

Der vierte König hatte ein altes Kamel ausgewählt, mit dem er seine Reise antrat. Er wusste um die Problematik seines Handelns, wollte aber dem Tier, das ihm so viele Jahre treu gedient hatte, die Ehre zukommen lassen, auch vor dem Kind in der Krippe knien zu dürfen.

Das treue Tier jedoch schwächelte auf dem beschwerlichen Weg von Tag zu Tag mehr. Weil es immer wieder lahmte, erreichte der Vierte nicht den mit den anderen vereinbarten Treffpunkt zur rechten Zeit. Die waren darum schon weitergezogen. So machte er sich allein auf zum Stall in Betlehem. Als er dort ankam, war dieser leer. In seiner Nähe saß eine Frau, die fürchterlich weinte. Sie informierte ihn über das Geschehene. Die Mutter sei mit ihrem Kind und ihrem Mann Hals über Kopf am frühen Morgen aufgebrochen, so hastig, als würden sie fliehen müssen. Sie erklärte ihm aber auch den Grund für ihre Trauer, für ihre Tränen. Sie sagte, Herodes habe Männer geschickt, die alle kleinen Kinder im Dorf getötet haben, auch ihren Sohn Gabriel.

Den Weisen ergriff tiefes Mitleid. Er nahm die leidende Mutter in seine Arme, tröstete sie und schenkte ihr einen von seinen Edelsteinen, denn es blieben ihm ja noch zwei. Als Dankeschön verriet sie ihm den Weg, den die junge Familie gewählt hatte und zeigte in Richtung Ägypten.

Schon am nächsten Morgen setzte der Sterndeuter seine Reise fort, machte sich auf in das fremde Land. Vor den Toren einer großen Stadt fand er dort viele Hungernde. Einer von ihnen streckte ihm seine spindeldürren, bettelnden Finger entgegen. Der König hatte so großes Mitgefühl, dass er ihm einen Edelstein gab, damit er und seine notleidenden Mitbrüder ihren Hunger wenigstens für ein paar Tage stillen konnten. Es blieb ihm ja noch einer.

Aber auch in Ägypten war seine Suche nach dem Kind, dem verheißenen Erlöser, erfolglos. So machte er sich tief enttäuscht, müde und abgekämpft auf den Heimweg. Zurück im Land Judäa übernachtete er bei einer Familie in einer armseligen Hütte, in der zwölf frierende, vor Kälte zitternde Kinder hockten. Beim Verlassen des Nachtlagers überreichte er den Eltern, die ihn trotz ihrer Armut freundlich aufgenommen hatten, seinen letzten Edelstein. Er brauchte ihn nicht mehr, denn er war sich sicher, dass er das Kind nie und nimmer finden würde.

Bei der nächsten Übernachtung in einer Herberge am See Genezareth erschien ihm im Traum ein Mann in einem weißen Gewand. Dieser sagte zu ihm: »Ich war traurig und du hast mich getröstet. Ich war hungrig und du hast mir zu essen gegeben. Ich war nackt und du hast mich bekleidet. Du hast mich gesucht und hast mich gefunden, bist mir dreimal begegnet.«

17 *Ein Vorbote auf das Fest der Liebe*

Jonas hat es gut. Er lebt mit seinen Großeltern im selben Haus. Sie im Souterrain, während er und seine Eltern die oberen Etagen bewohnen. So ist er nie allein. Wenn Vater und Mutter außerhäusliche Verpflichtungen haben, kann er jederzeit zu Oma und Opa gehen. Er fühlt sich bei ihnen pudelwohl, denn er spürt bei jedem Besuch ihre Liebe.

An einem kalten Nachmittag, er hat gerade vor wenigen Tagen seinen sechsten Geburtstag gefeiert, sitzt Jonas wieder bei ihnen in der warmen Stube, während es draußen stürmt und schneit.

»Morgen«, meint Großvater, »kommt der Nikolaus. Nicht ein verkleideter Mann mit rotem Gewand und einem angeklebten Bart und im Gefolge der böse Knecht Ruprecht mit einer Rute in der Hand.«

»Ich weiß«, sagt Jonas, »Mama will, dass ich mich auf das Weihnachtsfest von ganzem Herzen freuen kann. Meine Vorfreude soll durch nichts getrübt werden, nicht durch mahnende Worte oder dumme Belehrungen. Darum legen sie und Vati kleine Geschenke und Süßigkeiten für mich vor die Tür. Auch nicht in einen stinkenden Stiefel, sondern auf einen bunten Weihnachtsteller!« Dann schaut er seinen Großvater liebevoll an und ergänzt: »Ich weiß, du und Omi auch.«

Sie setzen sich aufs Sofa, denn heute will Großvater seinem Enkel vom heiligen Nikolaus erzählen. Nachdem sie es sich gemütlich gemacht haben, beginnt er: »Nikolaus war der Sohn sehr wohlhabender, steinreicher Leute. Er hatte eine glückliche Kindheit. Es fehlte ihm an nichts, seine Eltern waren gut zu ihm und erzogen ihn mit viel Liebe. Dieser Zustand nahm ein jähes Ende. Beide verstarben fast gleichzeitig. Die Pest raffte sie dahin.

Fortan herrschte tiefe Trauer im Herzen des Jungen. So sehr sich die Angestellten des Hauses auch bemühten, ihn aufzumuntern, sie hatten keinen Erfolg. Nikolaus saß immer nur trübsinnig in einer Ecke, starrte traurig vor sich hin und weinte jede Nacht. Er spielte nicht mehr, weigerte sich, auszureiten, aß nur wenig. Sein Onkel, der die Leitung des Gutes übernommen hatte, war sehr streng und knauserig.«

»Was heißt knauserig?«, will Jonas wissen.

»Na, übertrieben geizig!«

Dann berichtet Großvater weiter.

»Eines Tages fielen dem Trauernden Schriftrollen in die Hände, die er trotz seiner rotgeweinten Augen lesen konnte. In denen wurde von einem reichen Mann berichtet, der in Saus und Braus lebte, aber einem Bettler nicht eine Brotkrume abgab, die von seinem Tisch fiel. Im Gegenteil, er hetzte die Hunde auf ihn, die seine Wunden leckten, was dem Armen große Schmerzen bereitete. Als beide gestorben waren, kamen zum Bettler die Engel, um ihn in den Himmel zu tragen. Der Reiche aber wurde in die Hölle, in die ewige Verdammnis, geschickt. Nikolaus fragte sich: ›Gleichen wir auf unserem großen Anwesen mit den vollen Speisekammern nicht diesem reichen Mann? Wir kümmern uns auch nicht um die Hungernden vor den Stadttoren‹.«

Jonas schaut den Opa an und meint: »Ich verstehe ihn.«

Großvater fährt fort: »Am nächsten Tag stand Nikolaus früh auf, verließ heimlich die Villa, die sie bewohnten, und eilte vor das Stadttor. Dort fand er Hungernde, Kranke und Menschen, von Not und Elend gezeichnet. Da er nichts Essbares mitgenommen hatte, verschenkte er alles, was er bei sich trug, seinen Armreif, seine Halskette, sogar sein Obergewand. Es wurde ihm warm ums Herz, als er nach Hause eilte.

Am nächsten Tag machte er es genauso, nur diesmal viel besser. Er trug jetzt einen Sack auf dem Rücken, der prall gefüllt war mit Korn, viel Korn, Brot und Honigkuchen, aber auch mit Nüssen und Zitrusfrüchten. Er verteilte alles an die sich ihm entgegenstreckenden Hände. Niemand hatte etwas bemerkt, auch nicht sein Onkel, als er die Lebensmittel aus den gefüllten Vorratskammern am Vorabend entnahm. Sooft er konnte, stahl er sich heimlich davon, um von seinem Erbe etwas abzugeben. Mehr und mehr versiegten seine Tränen und das Lächeln kehrte in sein Gesicht zurück.«

»Das ging über Jahre so?«, fragt Jonas.

»Eine lange Zeit, ja! Als er größer geworden war, bekannte er sich offen zu seinen Wohltaten und befahl sogar dem Verwalter, ihm zu helfen, sein Erbe unter den Armen zu verteilen.«

Der Großvater erhebt sich, geht ein paar Schritte durchs Zimmer, um sich die Beine zu vertreten. Dann setzt er sich wieder und erzählt weiter: »Mit 19 Jahren wurde er vom Bischof von Myra, seinem Onkel, zum Priester geweiht. Er arbeitete zunächst als Abt in einem Kloster, ging dann missionarischen Tätigkeiten nach wie sein Vorbild, der Völkerapostel Paulus.

Er war jetzt ein zufriedener und glücklicher Mann. Irgendwann kehrte er von seiner Missionsarbeit nach Myra zurück. Dort war Tage zuvor der Bischof nach einem erfüllten Leben gestorben. Die Gläubigen hatten sich in der Kirche versammelt, um ihr Oberhaupt zu betrauern. Sie sagten sich, der nächste fromme Mann, der durch dieses Portal kommt, soll unser neuer Bischof werden. Das ist dann ein Fingerzeig Gottes. In diesem Augenblick trat Nikolaus durch die Tür. Das Sonnenlicht, das er von draußen mitbrachte, umflutete ihn.

Sie fragten: ›Wer bist du?‹ Sie erkannten ihn nicht, denn seine Haare waren grau und sein Bart weiß geworden, die Jahre hatten sein Gesicht gezeichnet. Er antwortete: ›Ich bin Nikolaus, ein Diener Gottes.‹ Er wurde ihr Bischof. Wie früher zog er auch jetzt oft durch die Stadt, verteilte Essbares und Kleidungsstücke, verband Wunden und Verletzungen oder sprach tröstende Worte. Als Bischof vollbrachte er auch große Taten und erstaunliche Wunder.«

Der Großvater macht eine Pause und schlägt dann vor: »Wenn du willst, erzähle ich dir das nächste Mal von den drei Frauen, die nicht heiraten konnten, weil ihr armer Vater keine Mitgift für sie hatte, wie er die in Not geratenen Seeleute rettete oder seine Stadt vor einer Hungerkatastrophe bewahrte.«

Jonas freut sich und meint: »Aber du musst mir dann erklären, was *Mitgift* ist.«

Großvater nickt und sagt nachdenklich: »Nikolaus war ein Mann der Barmherzigkeit, der Hilfsbereitschaft und der Güte. Seine Liebe zu den Menschen lässt uns die Liebe des himmlischen Vaters erahnen, die er mit der Menschwerdung seines Sohnes der Menschheit offenbarte.«

18 *Herzlos*

Tym krault mit den Fingerspitzen den Nacken seines Hundes Rocko. Sein Blick wandert über den Hafen von Myra. Von seinem Haus aus kann er die

Einfahrt sehen und das Anlegen der Schiffe beobachten.

»Einmal«, denkt er, »werde ich auch dort ankern mit einem Schiff, das beladen ist mit Kostbarkeiten, die ich mitbringen werde von meiner Reise in ferne Länder.« Doch sein Traum wird nicht wahr. Tyms Geschäfte gehen schlecht.

Eines Abends sitzt er wie so oft vor seinem Haus und streichelt seinen Hund, als plötzlich ein Mann vor ihm steht. Der Fremde verbeugt sich leicht und stellt ohne Umschweife seine Frage: »Möchtest du reich werden, sehr reich?«

Tym lacht trocken: »Und ob!«

»Ich kann dich zum wohlhabendsten Mann der Stadt machen.«

»Und was«, fragt Tym, »ist meine Gegenleistung?« Als gewiefter Kaufmann weiß er, dass alles seinen Preis hat.

Mit abwertender Handbewegung behauptet der Fremde: »Nichts Besonderes! Dein Herz! Tausche es gegen einen Stein! Das ist alles!«

Tym grinst. »Das ist ein gutes Geschäft«, denkt er und ehe es sich der Fremde anders überlegt, willigt er ein.

Von dieser Stunde an laufen Tyms Unternehmungen gut und sein Reichtum mehrt sich. Nicht mit einem Schiff, mit einer ganzen Flotte läuft er bald in den Hafen ein und bringt Samt und Seide, Gold und Edelsteine mit. Der Reichtum aber, den er erwirbt, versteinert sein Herz immer mehr. Ein Lächeln schenkt er bald keinem mehr. Sein kaltes Herz kennt keine Freude, er verliert darum alle Freunde. Mürrisch schleicht Tym durch die Straßen der Stadt.

Auch der Hund spürt diese Kälte. Gestreichelt wird er schon lange nicht mehr. Für seine Freudensprünge bekommt er Fußtritte. Rocko bettelt um Zuwendung, kratzt vorsichtig mit den Pfoten auf dem Boden. Doch statt Liebe bekommt er Hiebe. Rocko beginnt zu lahmen, weil sein Herz leidet. Doch das Herrchen hat keinen Blick für die Not des Tieres, nur harsche Worte und harte Schläge.

Eines Abends klopft jemand an die Tür. Ein Kind steht vor Tym und bettelt um Brot.

»Scher dich fort!«, schreit er und will die Tür ins Schloss werfen.

In diesem Augenblick tritt der Hund vor und folgt dem Kind. Alle Versuche, Rocko zurückzuhalten, beantwortet dieser zähnefletschend.

Damit ist der letzte Getreue aus Tyms Leben gegangen. Einsamkeit zieht ein in seine Villa, in der die Freudlosigkeit schon lange wohnt. Für seinen Reichtum kann Tym sich nicht eine Sekunde Glück kaufen geschweige denn Liebe.

In dieser Not denkt er häufig an den Bischof Nikolaus. Von ihm hat er viel Gutes gehört. Allen, die sich an ihn wandten, hat dieser gute Hirte bisher geholfen. Das wenigstens erzählen die Leute. Tym quält die Frage, ob der Bischof auch sein steinernes Herz heilen kann.

Eines Morgens sagt er sich: »Ich geh zu Nikolaus!«

Er fürchtet zwar, der Bischof könne auch ihm die Tür zuschlagen, so wie Tym es mit jedem anderen jahrelang gemacht hat. Doch der Bischof nimmt ihn auf. Er führt ihn wie einen alten Freund in seine Wohnung. Ohne Aufforderung schildert Tym, wie er leichtfertig sein Herz verkauft hat.

Der Bischof schweigt nach diesen Ausführungen lange, dann sagt er: »Du kannst dir nur selber helfen.« Tym schaut verwundert und wartet auf eine Erklärung.

»Geh in die Häuser«, sagt Nikolaus, »und kümmere dich um die Menschen. Hilf ihnen! Aber gib ihnen nicht von deinem Überfluss. Vielmehr öffne dich für das Leid der Menschen! Wende dich ihnen zu! Lindere ihre Not und ihre Ängste! So wie du tröstest, wirst du dann auch Trost bekommen!«

Nach einer Pause setzt der Bischof seine Ratschläge fort: »Suche vor allem das Kind, das du abgewiesen hast! Du hast einem Bruder die Tür zugeschlagen.« Mit diesen Worten entlässt der Bischof den Kaufmann.

Auf dem Heimweg steht plötzlich der Verführer vor Tym und versperrt ihm den Weg.

»Höre nicht auf den Bischof!«, warnt er ihn eindringlich. »Dein Herz bekommst du nie wieder! Getauscht ist getauscht! Verschenkst du nun noch dein Hab und Gut, bist du arm obendrein.«

Doch Tym wendet sich ab.

Schon am nächsten Tag beginnt er mit seiner neuen Aufgabe. Er geht hinunter zum Hafen, zu den verfallenen Hütten. Hinter jeder Tür, die er öffnet, verbergen sich Hunger, Krankheit und Leid. Tym legt Hand an. Er kauft Nahrung, verbindet Wunden, tröstet Menschen. Von morgens bis abends sorgt er sich um andere und hofft, das Kind zu finden.

Mit jeder guten Tat verkleinert sich der Stein in seiner Brust und vergrößert sich sein Herz.

Eines Abends, Tym kehrt wie immer müde, aber zufrieden heim, sitzen auf der Treppe vor seiner Haustür zwei, nach denen er sich so gesehnt hat: das Kind und der Hund. Tym drückt die beiden an sein Herz und er weiß, dass er jetzt einen Schatz in seinen Armen hält, der größer ist als alle anderen der Welt.

19 *Eine gerechte Strafe*

Korrupte Menschen gab es schon immer, früher wie heute. Das sind die, die eine gehobene Stellung im Staate innehaben und diese ausnutzen, sie halten die Hände auf, beide, bei der Vergabe von Aufträgen, Genehmigung von Anträgen, verschaffen den Bestechern einen guten Platz auf dem Markt.

Der Statthalter von Myra nutzte seine Machtposition schamlos aus, missbrauchte sein öffentliches Amt, um sich Vorteile zu verschaffen. Er nahm nicht nur Geld, sondern auch Naturalien jeglicher Art. Körbe voll von Oliven, Obst und Gemüse ließ er sich mit kleinen Karren in seinen Palast bringen, scheute auch nicht zurück, Dienstleistungen zu verlangen wie die Pflege seines Grundstückes, die Bearbeitung seiner Felder oder die Säuberung der Stallungen.

Drei Mitarbeiter beobachteten dies mit großer Sorge und erkannten, dass er großen Schaden dem Staat, und damit ihnen allen, jedem Bürger ihrer Stadt zufügte. Sie stellten ihn zur Rede und beschworen ihn, sein frevelhaftes Tun zu unterlassen, andernfalls würden sie es dem Kaiser melden.

Der Statthalter bekam zunächst einen furchtbaren Schrecken, besann sich dann aber auf seine Position und die Macht, die er durch sie innehatte, und ließ die drei ehrbaren Bürger verhaften und ins Gefängnis werfen. Er wusste, er musste sie zum Schweigen bringen, und zwar für immer. Darum bestach er einen Richter mit viel Geld, damit er sie zum Tode verurteile. Auch dieser war nicht viel besser als sein Dienstherr und entsprach der Forderung. Der Scharfrichter sollte ihnen die Köpfe abschlagen.

Erst als die drei Unschuldigen auf dem Weg zur Hinrichtungsstätte waren, erfuhr Nikolaus von diesem ungeheuerlichen Vorgang. Er ließ alles stehen und liegen und rannte zum Marktplatz. Dort hatten sich viele Menschen versammelt. Zu allen Zeiten gibt es schaulustige, sensationsgierige, herzlose Zeitgenossen. Der Bischof stieß sie auseinander, bestieg die Hinrichtungsstätte, auf der gerade der Henker seine ungerechte Tat vollziehen wollte.

Er riss ihm das Schwert aus der Hand, warf es in die Menge und rief: »Tötet mich! Ich bin bereit, für diese Unschuldigen zu sterben!« Dabei schaute er den Scharfrichter wie die versammelten Mitbürger mit zornigen Blicken an. Die meisten ließen beschämt die Köpfe hängen. Der Vollstrecker wagte nicht, dem wegen seiner Güte und Gerechtigkeit bekannten Bischof Paroli zu bieten. Er ließ die Gefangenen frei.

Noch am selben Tag begab sich Nikolaus zum Verwalter. Dieser begrüßte ihn freundlich, tat, als würde er kein Wässerchen trüben können, war die

Unschuld in Person. Der Bischof aber ließ sich nicht blenden, warf ihm sein über Jahre korruptes Verhalten vor und als Höhepunkt seines frevelhaften Handelns die Verurteilung von drei unschuldigen und ehrbaren Bürgern. Er schloss seine Anklage mit den Worten: »Ich werde von diesen Ungeheuerlichkeiten dem Kaiser berichten.«

Der Gebietsvorsteher wollte zunächst die Schuld auf seine Beamten schieben. Er merkte aber schnell, dass er damit keinen Erfolg hatte, bangte nun seinerseits um sein Leben und bat um Gnade. Nikolaus versprach, Gnade vor Recht ergehen zu lassen, wenn er seine Bedingungen erfüllen würde.

»Und die wären?«, fragte der nach einem Strohhalm Greifende.

»Du hast«, sagte der Bischof, »das Volk mindestens um dreihundert Goldpfund betrogen. Du verteilst die doppelte Summe an die Armen dieser Stadt.« Der Statthalter versprach, so zu handeln. Dann lächelte der Bischof und fügte hinzu: »Das wäre noch nicht alles. Du bist fortan für die Sauberkeit in unserer Kirche verantwortlich.« Der Verurteilte küsste dem Bischof die Hand, versprach sogar, bei der Reinigung selbst Hand anzulegen.

20 *Die Legende vom St. Martin*

Clara blättert mit ihrer Mutter in dem Bildband »Künstler, die man kennen sollte«. Sie betrachtet lange ein Bild von El Greco, einem spanischen Maler. Es zeigt einen Mann hoch zu Ross, vor dem ein nackter, frierender Bettler steht. Der Reiter reicht dem Armen einen halben Mantel. Die Mutter schlägt das Buch zu und erzählt ihrer Tochter von diesem außergewöhnlichen Heiligen: »Martin war schon mit fünfzehn Jahren Soldat in einem römischen Heer. Er erfüllte damit den Herzenswunsch seines Vaters. Weil er mutig und tapfer war, wurde er sehr bald zum Offizier ernannt. Sein Vater war stolz auf ihn.

Am Abend des 11. Novembers ritt er auf sein Lager bei Amiens zu. Auf dem Weg dorthin begegnete er einem frierenden Bettler. Sein Herz fühlte großes Mitleid mit ihm. Da er nichts bei sich hatte außer seinem Ross und seinem großen, weiten Offiziersmantel, zerteilte er kurz entschlossen diesen mit dem Schwert und reichte dem Bettler eine Hälfte, damit er sich wenigstens ein wenig wärmen konnte. Bei seiner Ankunft im Lager verhöhnten ihn wegen seines Aussehens seine Mitsoldaten.

In derselben Nacht erschien ihm im Traum der Heiland, bekleidet mit der Hälfte seines Mantels, sagte nichts, strich mit der Hand nur über das Werk der Barmherzigkeit und lächelte ihm zu. Jetzt wusste Martin, dass sein Platz nicht im Heer war. Er hatte diesen ohnehin nur widerwillig aus Liebe zu seinem Vater eingenommen. Martin aber wollte Soldat für die Lehre Jesu werden. Darum schloss er sich den Christen an, die lehrten, liebe deinen Nächsten, auch deine Feinde, tue Gutes, auch denen, die dich hassen. Das stand im krassen Gegensatz zu dem, was er bisher geglaubt hatte. Diese Gedanken gingen ihm nicht mehr aus dem Kopf. Er ließ sich taufen, trat von der römischen Götzenverehrung zu dem Glauben an einen lebendigen Gott über, wurde Mönch, um in größter Bescheidenheit und täglicher Askese dem himmlischen Vater zu dienen.

In der Bevölkerung von Tours kannte bald jeder diesen ungewöhnlichen Mönch, der in flammenden Predigten die Botschaft des Evangeliums verkündete und große Wunder wirkte. Als der Bischof von Tours starb, beschlossen die Bürger der Stadt, Martin zu ihrem obersten Hirten zu machen. Als er davon hörte, erschrak er zutiefst und aus Angst, man würde ihm dieses Amt antragen, verließ er fluchtartig seine Klosterzelle und verkroch sich in einem Gänsestall. Dort legte er sich auf den Boden zwischen das Federvieh und hoffte, dass dieser Kelch an ihm vorübergehen würde.

Die Gänse aber akzeptierten den Fremdling in ihrer Mitte nicht und begannen, fürchterlich zu schnattern. Der Lärm weckte den Bauern am frühen Morgen auf. Er verließ sein Nachtlager, um nachzusehen, was die Tiere in solch große Unruhe versetzt hatte. Vorsichtshalber bewaffnete er sich mit einer Mistgabel, denn er befürchtete, ein Fuchs sei in den Stall eingedrungen. Er fand aber nicht wie erwartet den vierbeinigen Räuber, nur einen armen Mann, der sein Gesicht fest auf den Boden drückte. Er forderte ihn energisch auf, den Stall zu verlassen.

Martin blieb nichts anders übrig, als sich zu erheben. Der Bauer erkannte jetzt den Mönch, denn er hatte ihn schon mehrfach im sonntäglichen Gottesdienst gesehen und predigen gehört. Er durfte sich im Haus des Landwirts waschen, im Kloster eine frische Kutte überziehen. Dabei wich er ihm nicht von der Seite, denn er befürchtete, der Bescheidene könne noch einmal davonlaufen, weil er sich nicht würdig genug für dieses Amt hielt. Doch Martin sah in dem Schnattern der Gänse ein Zeichen Gottes und darum beugte er sich dem Willen des Allmächtigen und war bereit, in größter Demut und Bescheidenheit das Amt anzunehmen.

Unter Glockengeläut wurde er zum Bischof gewählt und übte diese Aufgabe fast dreißig Jahre aus in großer Nächstenliebe. So wie in der Nacht, als er mit dem Bettler seinen Mantel teilte, begann er auch nach seiner Ernennung den neuen Tag mit einer guten Tat. Er lud alle Armen, Bettler und Krüppel zu einem Festessen ein. Der Bauer, der glücklich und zufrieden über sein Handeln war, spendierte zehn Gänse, damit sich alle sattessen und freuen konnten.«

»Jetzt verstehe ich auch den Brauch mit der Martinsgans«, meint Clara.

Die Mutter stellt erschrocken fest: »Wir haben uns verquatscht. Es wird höchste Zeit. Wir wollen doch zum Martinszug.«

Clara zieht geschwind ihre dicke Jacke über und greift nach ihrer selbstgebastelten Laterne. Sie erreichen rechtzeitig, bevor der Zug sich in Bewegung setzt, die anderen. Ein Mann, hoch zu Ross, geht allen voran.

21 *Die Legende von der hl. Barbara*

Barbara lebte im 3. Jahrhundert in Nikomedia in Kleinasien, dem heutigen Izmit, eine türkische Stadt am Marmarameer. Die junge Frau war von außergewöhnlicher Schönheit, großer Klugheit und scharfem Verstand. Heiratswillige Männer begehrten sie. Weil ihr Vater ein reicher Kaufmann war, konnten sie und alle Bewerber auf eine ansehnliche Mitgift hoffen. Er war aber ein eifersüchtiger Despot. Wann immer er verreiste, wurde seine Tochter in einen Turm gesperrt, der Eingang verschlossen, damit kein anderer Mann sich ihr nähern, sie nicht Umgang mit den Christen bekommen konnte. Sie aber bekannte sich schon längst heimlich zu der neuen Religion, während ihr Vater Dioscuros überzeugter Heide war. Er entsprach damit dem Zeitgeist, denn Kleinasien gehörte zum mächtigen Römischen Reich wie die halbe der damalig bekannten Welt. In Rom regierte zu der Zeit der Kaiser Maximus, genannt Daja, der mit seinen Mannen die Christen verfolgte und auf grausamste Weise foltern und brutal hinrichten ließ.

Einmal hörte die Tochter, wie ihr Vater mit einigen Geschäftsfreunden seine nächste Reise plante. Aus Angst, wieder in den öden Turm gesperrt zu werden, floh sie aus dem elterlichen Haus und verkroch sich in den Bergen, versteckte sich in einer Höhle, die einem Stollen glich. Darum ist sie auch die Patronin der Bergleute geworden. Doch die Häscher fanden sie und brachten sie zurück. Ihr Vater beschwor sie inständig, vom Glauben an Jesus Christus abzulassen und einen Heiden zu heiraten. Dadurch vor aller Welt kundzutun, dass sie dem christlichen Glauben abgeschworen habe. Barbara aber erklärte, sie sei die Braut des Herrn. Das versetzte ihn dermaßen in Rage, machte ihn blind vor Wut, dass er seine Tochter dem Statthalter auslieferte.

Sie trug auf dem Weg dorthin ein wunderschönes, langes Kleid, glich einer Braut. Ein Kirschzweig verfing sich in ihrem Rock. Sie löste ihn vorsichtig aus ihrem Gewand und nahm ihn mit ins Gefängnis. Dort bat sie einen Wärter, ihr einen Krug mit Wasser zu geben. Er erlag ihrer Schönheit, erfüllte darum die Bitte. Jeden Tag umfasste sie den Zweig und flehte den himmlischen Vater an, ihr die Kraft zu geben, die schweren Stunden zu überstehen. Auch bat sie die Heiligen um ihren Beistand. Wie Bergleute, die verschüttet sind, nicht ohne Hilfe »von oben« ihre missliche Lage lebend überstehen können, so glaubte auch sie, ohne Hilfe »von oben« dieses harte Schicksal nicht ertragen zu können. Der Richter ließ sie erst mit Ruten, dann mit Keulen schlagen, schließlich mit Fackeln am ganzen Körper mit Verbrennungen quälen. Da sie ihren Glauben nicht verleugnete, verurteilte er sie zum Tode durch das Schwert.

Am Tag ihrer Hinrichtung stand sie noch einmal eine kurze Zeit vor dem Kirschzweig. Die Knospen gingen auf. Sie erwachten in diesem Augenblick wie in Zeitlupe zum Leben. Sie sah darin ein Zeichen des Himmels und wusste jetzt, dass ihr Tod ein Schritt zu einem neuen Leben war.

Ihr Vater, immer noch außer sich, zornig und wütend zugleich, enthauptete sie eigenhändig. Als der Frevler den Kopf seiner Tochter auf den Boden rollen sah, brach er zusammen und weinte bitterlich. Zu spät bereute er seine Untat.

22 *Leuchtende Wegweiser*

Als der römische Statthalter Pontius Pilatus das Todesurteil über Jesus von Nazareth fällte und es vollstrecken ließ, da flüchteten viele Jünger des Gekreuzigten aus Jerusalem, um in anderen Städten unterzutauchen, weil sie fürchteten, auch sie könnten verhaftet und verurteilt werden.

Drei begaben sich nach Betel, zwei eilten nach Emmaus, einer, Philippus, versuchte sich in Betlehem zu verstecken. Um ganz sicher zu sein, begab er sich aber nicht in die Stadt, sondern suchte Unterschlupf in einem der Ställe, die auf den Feldern vor den Häusern standen. Er wusste nicht, dass es eben jener Stall war, in dem vor mehr als dreißig Jahren ein Kind im Stroh gelegen hatte, das jetzt als Mann am Kreuz gestorben war.

Philippus hatte diesen Stall gewählt, weil Dornen und Gestrüpp ihn fast verbargen, unscheinbare grauweiße Blumen den Eingang verschlossen. Trotz des sicheren Versteckes verbrachte er eine unruhige Nacht. Er träumte immer wieder von Verfolgern, die ihn aufspürten.

Das Licht der Morgensonne und der Gesang

der Vögel weckten ihn aus dem Angstschlaf. Philippus erhob sich von seinem harten Strohlager und schlich vorsichtig zur Stalltür, um nachzusehen, ob wirklich niemand in der Nähe war. Niemand war da! Dennoch erschrak er sehr.

Die kleinen Blumen, die vor dem Stall wuchsen, waren Sträucher geworden, hatten sternengroße Blätter bekommen und blühten rot. Das Versteck war gekennzeichnet, denn das Leuchten der Blätter war weithin sichtbar. Philippus strich sich nachdenklich über die Stirn, ging dann zurück in den Stall, suchte seine paar Habseligkeiten zusammen, stopfte sie in den mitgebrachten Beutel und warf ihn über seine Schulter. Entschlossen trat er vor die Tür, schaute hinüber nach Jerusalem.

»Ich gehe zurück«, sagte er zu sich selbst.

Der Weg war nicht weit, denn Jerusalem und Betlehem liegen nahe beieinander, symbolisch gemeint.

Kinder im Mittelpunkt

23 *Weihnachten mitten im Sommer*

Fragt man Whitney Cundey nach ihrem schönsten Weihnachtsfest, dann leuchten ihre Augen und sie sagt: »Weihnachten ereignete sich für mich mitten im Sommer.«

»Kann man im Hochsommer Weihnachten erleben?«

Whitney Cundey nickt und schaut auf ihre faltigen Hände. Dann erzählt sie:

»Es war in meiner Kindheit, mitten im Sommer, da bin ich in den Keller gegangen, um ein Glas Kirschen zu holen, das Mutter für den Kuchen brauchte. Ich stellte mich auf die Zehenspitzen und griff nach dem Glas. Dann geschah es. Nicht was ihr denkt! Etwa, dass ich ausrutschte und auf den Boden fiel. Nein, ich wurde zu Boden geschleudert. Die Erde bebte. Die Kellerwände zitterten. Es krachte überall. Es war eines dieser kurzen und heftigen Beben, wie sie für Kalifornien typisch sind.

Was sich nun ereignete, klingt unglaublich.

Ich lag eingekeilt zwischen Geröll und Beton, aber ich lebte. Ja, ich war beinahe gänzlich unverletzt. Es glich einem Wunder. Denn ich spürte trotz völliger Dunkelheit meinen Atem, konnte meine Augenlider bewegen. Nicht aber die Hände! Die Betonklötze waren so über mir zusammengestürzt, dass sie mich nicht erdrückten. Aber meine Arme und meine Beine waren wie in einen Schraubstock gezwängt. Erst schien mir das nicht schlimm zu sein. Doch wenn die Stunden vergehen und man sich nicht rühren kann, denkt man anders darüber. Vor allem, wenn Nase oder Hals jucken.

Was aber viel schlimmer war, erdrückender als die Steine über mir, das war die Dunkelheit. Ich wusste nicht, ob es Tag oder Nacht war, Morgen oder Abend. Jedes Zeitgefühl ging verloren. Und die Dunkelheit drückte aufs Gemüt – stärker als das Geröll auf die Arme.

Anfangs hatte ich die Hoffnung, man würde mich bald finden, mein Martyrium würde nicht lange dauern. Aber das war ein Wunschtraum. Ich lag dort regungslos, ich weiß nicht wie lange; wie gesagt, das Gefühl für die Zeit war mir abhandengekommen. So finster wie die Welt um mich, so trübe wurden nun auch meine Gedanken. Angst breitete sich aus. Sie wuchs mit der Zeit ins Unermessliche. Die Hoffnung auf Rettung schwand.

Wer nie lebendig begraben war, weiß nicht, was in jemandem vorgeht, dem das widerfährt. Die Verzweiflung wächst, Todesangst macht sich breit. Man weint vor lauter Ohnmacht. Man lebt noch und ist doch schon fast tot!

Ich wimmerte. Ich horchte in die Stille, die nicht enden wollte. Zu der Angst kamen Hunger und Durst. Vor allem der Durst quälte mich. Ich weinte und konnte meine Tränen nicht abwischen. Man gibt sich allmählich auf, glaubt nicht, dass die Geräusche in der Ferne echt sind.

Aber ich hörte sie! Plötzlich waren sie wieder da! Mit ihnen die Hoffnung! Ich schrie! Ich schrie aus Leibeskräften. In diesem Augenblick wusste ich, sie würden mich finden. Es dauerte eine Ewigkeit, bis die Geräusche intensiver wurden, die Stimmen deutlicher. Plötzlich fiel ein dünner, hauchdünner Lichtstrahl in meine Dunkelheit. Er war ein Bote der Hoffnung, ein Zeichen des Lebens.

In diesem Augenblick dachte ich an meinen Vater. Am ersten Adventssonntag verdunkelte er immer das Zimmer völlig. Wir verharrten stets schweigend einige Minuten in der Finsternis. Dann erst zündete er die erste Kerze auf dem Kranz an. Dazu sagte er: ›Licht kommt in eine dunkle Welt, das Licht Gottes‹. An diesen Brauch musste ich unwillkürlich denken, als der erste Lichtstrahl mich erreichte.

Wie gut verstand ich jetzt, dass Licht Leben bedeutet. Jeder Stein, der beiseite geräumt wurde, war wie jede weitere Kerze, die man ansteckte. Als das Sonnenlicht ungehindert zu mir strömte, überstrahlte es jeden Weihnachtsbaum.«

24 *Der Glaube eines Kindes*

Weihnachten 1945 – der Zweite Weltkrieg steht vor seinem unmittelbaren Ende. Die Machthaber des Dritten Reiches und deren Gefolgsleute wollen nicht wahrhaben, dass er verloren ist. Die Menschen aber wissen es. Zu Hunderten, Tausenden fliehen sie vor den vorrückenden Truppen der Roten Armee, verlassen Ostpreußen, Schlesien und Pommern aus Furcht vor den gewalttätigen Soldaten oder den Rachegelüsten der ehemaligen unterdrückten und misshandelten Einheimischen.

Gewaltige Flüchtlingstrecks sind in Bewegung. Wer kann, verlässt Haus und Hof, besitzt nur noch ein paar Habseligkeiten, die er auf seinem Körper trägt oder in Koffer oder Handwagen gepackt hat.

Verzweifelte fliehen, nur Paula nicht. Sie kann ihr kleines Häuschen, in dem sie allein lebt, nicht verlassen. Sie ist zu alt, ihr Körper ist von Hunger und Strapazen gezeichnet, hofft, dass die plündernden und schändenden Horden sie übersehen.

Ein Tag vor Heiligabend klopft es an ihrer Tür. Eine Mutter mit drei Kindern, zwei großen Mädchen und einem kleinen Jungen, bittet um Einlass. Paula denkt unwillkürlich an Maria und Josef, die auch eine Herberge suchten, und öffnet die Tür.

Die Frau erklärt ihr: »Ich habe mir meinen Fuß verstaucht, mein Knöchel ist geschwollen. Ich kann die Flucht unmöglich fortsetzen.« Sie zeigt auf ihren Buben und meint: »Auch er ist zu klein, um weitere Strapazen in solcher Eile auf sich zu nehmen.« Die Gastgeberin legt sofort einen kalten Wickel um den Knöchel der Kranken und bietet allen etwas zu essen und zu trinken an, obwohl sie selbst nicht genug zum Sattwerden hat. Dann sagt sie mit sorgenvollem Blick auf die jungen Mädchen und die Frau: »Es wäre gut, wenn man sie nicht finden würde.« Nachdenklich fügt sie hinzu: »Es würde ihnen viel Kummer und Leid ersparen.« Der 6-Jährige mischt sich ein: »Im Märchen ist um ein Schloss eine Dornenhecke gewachsen, sodass niemand hineinkommen konnte. Wir können Gott bitten, eine solche heute Nacht wachsen zu lassen.«

»So etwas geschieht leider nur im Märchen«, meint die Mutter und legt ihrem Jüngsten dann tröstend die Hand auf die Schulter. Sie ermuntert ihn: »Beten können wir dennoch. Vielleicht geschieht ja ein Wunder!«

Am nächsten Morgen ist keine Hecke gewachsen. Ein unruhiger, sorgenvoller Tag beginnt, ein unschöner Heiligabend. Vor dem Schlafengehen bittet der Kleine noch inständiger den Vater im Himmel um ein Wunder. Dann gehen alle zu Bett, hören, wie die Kanonenschüsse beängstigend näherkommen. Gegen Mitternacht beginnt es zu schneien. Dicke Flocken fallen vom Himmel bis zum frühen Morgen. Die Welt trägt jetzt ein weißes Kleid, das alles bedeckt, Bäume und Sträucher, Felder und Wälder, auch das kleine Häuschen, das jetzt den Hügeln in dieser Landschaft gleicht.

Weiße Weihnacht, wundersame Welt! Die Soldaten der Roten Armee ziehen vorbei.

25 *Ninas Weihnachtsgeschenk*

Noch fünf Tage, dann ist Weihnachten, Heiligabend. Nicht nur die Erwachsenen, auch viele Kinder kümmern sich um Geschenke. Nur Nina rührt keinen Finger, fragt die Mutter nicht, was soll ich der Großmutter schenken, soll ich ihr ein Bild malen oder einen Topflappen häkeln. Mutter sagt auch nichts. Doch sie ist unruhig. Für ihre Eltern hat Nina jedes Mal selbst ein Geschenk ausgesucht, sicher hat Großmutter mit Rat und Tat geholfen. Und das Geschenk für die Oma haben sie sich immer zusammen ausgedacht. Aber dieses Jahr hat Nina nicht gefragt, nichts gesagt.

Einen Tag vor Heiligabend ist die Mutter nervös, es wäre ihr wirklich peinlich, wenn bei der Bescherung die Großmutter kein Geschenk von ihrem Enkelkind bekäme.

»Hast du wirklich ein Geschenk für die Großmutter?«

»Ja«, sagt Nina. Die Mutter schaut ihr Kind fragend an, doch Nina gibt keine weitere Erklärung ab, sondern übt auf der Blockflöte: »Komm, wir gehen nach Betlehem ...«

Heiligabend spielt sie dieses Lied, ihr Bruder begleitet sie auf dem Keyboard, Großmutter und die Eltern singen dazu. Dann werden die Geschenke verteilt. Nina reicht der Großmutter einen Zettel. Die Mutter schaut entsetzt. Ihre Augen scheinen zu sagen: »Habe ich doch gewusst, dass unsere Tochter nichts Gescheites besorgt hat.«

Doch Großmutter lächelt, drückt das Enkelkind und flüstert: »Danke, für dieses besonders schöne Geschenk.«

Die Mutter ist kribbelig vor Neugierde. Doch sie traut sich nicht zu fragen, was Nina geschrieben hat. Später, als alles ausgepackt auf dem Gabentisch liegt, schielt sie heimlich auf den Zettel. Sie liest: »Liebe Großmutter, dies ist mein Weihnachtsgeschenk für dich: Ich verspreche, ein Jahr lang werde ich jeden Abend für dich beten, dass der liebe Gott dich gesund bleiben lässt.«

26 *Tims Wunschliste*

Weihnachten ist die Zeit der Wunder. Tim hofft auf ein solches. Er besucht die zweite Klasse. Darum kann er seine Wunschliste an das Christkind schon selbst schreiben. Sie war immer sehr lang. Früher hat das seine Mutter für ihn gemacht. Diesmal ist die Liste sehr kurz. Es steht nur ein einziger Wunsch darauf. Er zeigt ihn seiner Mutter. Als sie ihn liest, treten Tränen in ihre Augen, denn dort steht:

Liebes Christkind,
schenk mir Hände und Arme wie alle anderen
Kinder in meiner Klasse sie haben.

Tims Arme sind nur ein paar Zentimeter lang, an den verkrüppelten Händen hat er jeweils nur zwei Finger. Seine Mutter hat während ihrer Schwangerschaft ein Medikament genommen, das zu dieser Missbildung führte. Bei Leidensgenossen ist sie unterschiedlich schlimm. Tim ist besonders arg betroffen.

Die Mutter schaut ihn ernst an. »Das Christkind hat dir immer jeden Wunsch gern erfüllt. Nur dieser Bitte wird es nicht nachkommen, es liebt dich wie du bist, genauso wie Vati und ich.«

Sie nimmt ihren Sohn liebevoll in die Arme, drückt ihn ganz fest an ihre Brust und sagt dann mit warmer Stimme: »Wir schenken dir etwas viel Wertvolleres, unsere ganze Liebe, ein Leben lang. Du hast sie dir verdient, wie kein anderes Kind auf dieser Welt. Jesu Worte: ›Lasset die Kindlein zu mir kommen, denn ihrer ist das Himmelreich‹, gelten ganz besonders für dich.«

27 *Den Sinn der Weihnacht verstehen*

Weihnachten ist die Zeit des Schenkens. Aber die Not ist groß, wenn man nicht weiß, was man schenken soll. Das Ehepaar Gärtner gehört zu diesen Zeitgenossen. Sie sind moderne Eheleute. Beide berufstätig. Er ist Abteilungsleiter in einem großen Chemieunternehmen, sie Lehrerin an einer Gesamtschule. Als Klassenlehrerin eines zehnten Schuljahres hat sie viel Arbeit, er verantwortlich für den Vertrieb, ist nicht weniger beschäftigt.

Wie moderne Ehepaare haben sie sich ihr Leben nach ihrem Gusto eingerichtet, haben sich ein großes, wunderschönes Haus am Stadtrand gekauft mit einem gepflegten Garten, einem ansehnlichen Swimmingpool und einer mittelgroßen Einliegerwohnung. In ihr leben seine Eltern. Zu einer Familie gehört auch ein Kind, ihr Lukas. Er besucht die nahe gelegene Grundschule.

Wenn er nach Hause kommt, kann er jederzeit in die Wohnung, denn er hat einen Schlüssel. In der Regel aber geht er gleich zu den Großeltern. Oma Frieda kocht, immer. Nach dem gemeinsamen Mahl fertigt Lukas stets als Erstes seine Hausaufgaben an. Opa Erich hilft ihm dabei. Er kann das, denn er ist ein pensionierter Pädagoge. Die vielbeschäftigten Eltern brauchen sich um nichts zu kümmern, um nichts einen Kopf zu machen.

Kopfschmerzen bekommen sie nur zu jedem Geburtstag ihres Sohnes, denn der fällt nun einmal jährlich an, und natürlich zum Weihnachtsfest. Dann stellt sich stets erneut die Frage: »Was schenken wir Lukas?« Wie Kinder reicher Familien hat er alles. Denn jedes Jahr wurde er zu den Geburtstagen, ob seines oder das des Christuskindes, mit Geschenken überhäuft, nicht nur von den Eltern, auch von den Großeltern, Onkeln und Tanten, beiderseits.

Das gleiche Drama auch dieses Jahr! Wieder stellen sich die Gärtners vor Weihnachten die Frage: »Was sollen wir unserem Sohn schenken?« Denn in seinem Zimmer häufen sich die Präsente der vergangenen Jahre, bergeweise.

Da die sehr beschäftigten Eltern, man hat nicht nur berufliche, sondern auch private Verpflichtungen, keine Zeit haben, sich stundenlang auf der Suche nach etwas Passendem durch die Geschäfte zu quälen, setzen sie sich an den Computer. Das Angebot im Internet ist riesig und hochaktuell: 3-D-Puzzle, T-Rex-Nachtlicht, Zeichenbrettgraffiteboard, Tablet, Minidrohne, aber auch Kartenspiele aller Art und Witzebücher für Kinder.

Zum Lachen ist den Gärtners nicht. Plötzlich hat der Vater eine Idee. Er geht mit der Zeit und sagt zu seiner Frau: »Wir fragen unseren Sohn, was er sich wünscht. Er ist schon groß und kann selbst entscheiden.« Seine bessere Hälfte stimmt zu, hofft, das unselige Thema vom Tisch zu haben.

Am nächsten Abend befragen sie ihren Sohn. Dieser überlegt nicht lange und antwortet: »Ich überreiche euch am Heiligabend meinen Wunschzettel.« Die Eltern sehen sich verwundert an und die Mutter meint: »Du hast uns missverstanden, wir müssen das Geschenk doch vor dem Fest kaufen oder im Internet bestellen.«

Lukas, sein Name erinnert an den Evangelisten, der uns das Weihnachtsevangelium geschenkt hat, erwidert seelenruhig: »Mein Wunsch kostet kein Geld und ihr braucht ihn auch nicht irgendwo besorgen.« Der Vater zuckt mit den Schultern und denkt: ›Lass ihn nur machen!‹

Am Heiligabend überreicht der Sohn seinen Eltern einen Briefumschlag, den er liebevoll bemalt und mit einer Schleife versehen hat. Gespannt öffnen sie ihn und der Vater liest laut vor: »Oma und Opa sind großartige, aufmerksame und liebevolle Großeltern, aber eben nur Großeltern. Meine Eltern seid ihr. Schenkt mir mehr von eurer Zeit. Unsere Lehrerin hat gesagt: ›Wenn wir die Zeit, die wir anderen schenken können, ihnen auch geben, haben wir den Sinn der Weihnacht verstanden‹.« Die Eltern sehen sich an und erröten.

28 *An Gottes Segen ist alles gelegen*

Am Montag nach dem zweiten Adventssonntag betritt Frau Versöhnlich ihre Klasse, ein drittes Schuljahr, mit einer kleinen Krippe in ihren Händen und stellt sie gut sichtbar vor den Kindern auf. Diese wundern sich, denken, es ist doch noch lange nicht Weihnachten. Sagen aber nichts.

Die Lehrerin begrüßt sie freundlich, zeigt auf ihr offensichtlich unpassendes Mitbringsel und erklärt: »Ich habe diese Futterstelle beim Bauern Feldmann erworben. Um uns auf das schönste Fest für uns Christen und das allerschönste für euch Kinder noch mehr zu freuen, bitte ich euch, in der nächsten Zeit alles das mitzubringen, was ihr mit Weihnachten verbindet.« Sie schaut in die erstaunten Gesichter und fügt hinzu: »Der Anblick der vielen schönen Dinge soll unsere Freude auf das Weihnachtsfest steigern.«

Die Kinder gehen in den folgenden Tagen mit viel Eifer ans Werk. In der Krippe sammeln sich Tannengrün, Lichterketten, Christbaumkugeln, aber auch kleine Holzengel, selbstgebastelte Strohsterne, liebevoll verpackte Päckchen. Hanna bringt Zimtstangen mit, Paul Lebkuchenherzen, Magdalena selbstgebackene Plätzchen in einer Schachtel, einer sehr großen. »Meine Mutter erlaubt uns, diese am letzten Schultag vor den Weihnachtsferien gemeinsam zu verzehren«, eröffnet sie ihren freudig gestimmten Klassenkameraden. Jörg legt eine Tüte gebrannte Mandeln in die Krippe, die er auf dem Weihnachtsmarkt gekauft hat. »Wer will, darf naschen«, ist sein karger Kommentar.

Philipp platziert sein Mathematikheft in der Krippe. Seine Mitschüler staunen, Frau Versöhnlich wundert sich. Es herrscht Stille, als er sich nach diesem ungewöhnlichen Akt wortlos auf seinen Platz setzt. Nach einigen Momenten überraschten Schweigens fragt die Klassenlehrerin: »Ein Heft? Philipp, was soll das?« Dieser wiederum schaut die Pädagogin verwundert an und äußert sich dann selbstbewusst: »Sie haben doch gesagt, wir sollen mitbringen, was uns mit Weihnachten verbindet.«

»Ja, und?«

»Mich verbindet mit dem Christkind, mit dem

Retter, in erster Linie Hilfe. Und die habe ich bitter nötig.«

Jetzt haben sich alle Köpfe zu ihm gedreht und fünfzig große Augen schauen ihn fragend an.

Philipp erklärt: »Sie, Frau Versöhnlich, haben mir nach der letzten Mathearbeit gesagt, wenn ich in der nächsten nicht mindestens eine Vier schreibe, bleibe ich sitzen. Das möchte ich nicht. Ich müsste dann in eine andere Klasse gehen, mich an neue Mitschüler gewöhnen. Aber ich mag euch alle. Ich würde gerne bei euch bleiben. Hier fühle ich mich wohl!«

Dann macht er eine Pause und sagt mit fester Stimme: »Mein Vater meint, an Gottes Segen ist alles gelegen. Ich denke, am Segen des Christkindes auch.«

Einige Mitschüler schmunzeln, einige klatschen. Frau Versöhnlichs Blicke geben ihrem Namen alle Ehre.

29 *Mehr als ein Geschenk*

Weihnachten ist die Zeit der Geschenke. Wie viele Kinder und Jugendliche hat Max, fünfzehn Jahre, ein Problem. Er fragt sich: Was überreiche ich am Heiligabend meiner Mutter? Sie ist alleinerziehend, denn ihr Mann hat sie, als er noch ein Kleinkind war, verlassen. Sie aber kümmert sich rührend um ihren Sohn, schenkt ihm viel Liebe, vielleicht mehr als andere Kinder bekommen. Sicherlich gibt sie sich auch eine gewisse Schuld daran, dass er ohne Vater aufwachsen muss.

Früher hat er ihr das Übliche geschenkt, gemalte Bilder, gebastelte Dekorationsgegenstände, sogar Laubsägearbeiten. Aber jetzt, 15-jährig, mit eigenem Taschengeld, soll es etwas Besonderes sein, etwas Ausgefallenes, Einmaliges, das auch seine ganze Wertschätzung seiner Mutter gegenüber zeigt.

Lange sucht er im Internet. Verrücktes und Skurriles wird dort angeboten: leuchtende Einhornhausschuhe, haltbare Seifenblasen, beschriftetes Toilettenpapier. Aber auch Interessantes und Persönliches wie personalisierte Glasfotos, selbstgestrickte Schals, Glückslose mit persönlicher Widmung. Alles sagt Max nicht zu. Darum beschließt er, sich in der Stadt auf Geschenksuche zu begeben.

Mehrere Nachmittage durchstreift er die Kaufhäuser, steht vor Regalen und Warentischen. So sehr er kramt, so sehr er sich müht, so viele Treppen er auch hinauf- und hinuntergeht – etwas Passendes für seine Mutter findet er nicht, nichts, von dem er überzeugt ist, darüber würde sie sich von ganzem Herzen freuen. Mit hängendem Kopf trabt er jedes Mal enttäuscht heim, seine Träume und Hoffnungen, etwas wirklich Außergewöhnliches zu finden, schwinden von Tag zu Tag.

Wieder einmal enttäuscht heimwärts trottend, fällt sein Blick auf ein Schild »echte Sternschnuppen im Angebot« in einem »Eine-Welt-Laden«. Max tritt ein. Sie gefallen ihm. Er sucht eine in Faustgröße aus und kauft sie. Zu Hause bastelt er eine Schachtel aus roter Pappe in Herzform dazu und legt sie auf ein schwarzes Kissen, das er selbst genäht hat. So wird es ein persönliches Geschenk.

Als er seiner Mutter zur weihnachtlichen Bescherung sein Präsent überreicht, packt sie es mit freudiger Erwartung aus. Dann fällt sie ihm gerührt um den Hals und sucht dann gleich einen würdigen Platz im Wohnzimmer, einen Ehrenplatz. Sie betrachtet es lange und mit dankbaren Blicken.

Großvater, der wie immer Heiligabend bei ihnen weilt, sagt zu ihm, als die Mutter in der Küche das Essen zubereitet: »Ich habe mitbekommen, wie viel Mühe du dir gemacht hast, um ein passendes Geschenk zu finden, deine stundenlange Suche im Internet, das ständige Durchblättern von Katalogen, die häufigen Besuche in Kaufhäusern. Was wäre gewesen, wenn das Geschenk meiner Tochter, deiner Mutter, nicht gefallen hätte? Dann wäre alle Mühe umsonst gewesen.«

»Oh nein, Opa. Sie hätte doch immer einen Teil des Geschenkes bekommen«, erklärt Max mit größter Selbstverständlichkeit.

»Einen Teil?«, fragt verwundert der Großvater.

»Ja, einen Teil, den wichtigsten sogar, denn Anstrengungen, Mühen und Zeit gehören auch zu einem Geschenk«, meint der Enkel, »ein gutes Präsent sollte mehr sein, als Geld in einen Briefumschlag zu stecken oder einen Gutschein unter eine Postkarte zu legen oder einfach irgendetwas zu kaufen.« Er macht eine Pause, sieht seinen Opa mit ernsten Blicken an. Dann fährt er fort und es kommt aus tiefster Seele: »Schenken heißt, sein Herz zu öffnen, dem anderen seine Zuneigung, seine Liebe zu zeigen. Ich habe einmal gelesen: ‹Schenken heißt, einen Teil von sich selbst zu geben›.«

Der Opa nickt anerkennend.

30 *Weihnachten gelebt*

Als ich noch in den Kindergarten ging, und das ist schon lange her, sehr lange, hießen unsere Betreuerinnen nicht Katja oder Ulrike, sondern Tante Martha oder Tante Friederike. Sie waren so nett, hilfsbereit und freundlich wie die Erzieherinnen heute.

Aber eine war eine Besondere: Tante Martha war schon liebenswürdig, noch liebenswürdiger aber Tante Friederike. Ihr Gesicht zeigte Güte, ihre Augen strahlten Verständnis aus und um ihre Mundwinkel lag immer ein liebevolles Lächeln. Sie konnte zuhören wie keine andere, erzählen wie keine andere, hatte ein mütterliches Herz für jeden von uns.

So wie alle Jungen im Laufe ihrer Kindheit einmal ihre Mütter heiraten möchten, so wollte jeder von uns Buben auch Tante Friederike zur Frau nehmen. Natürlich erst, wenn wir groß waren.

In der Weihnachtszeit stellte sie stets eine Krippe in unserem Erzählzimmer auf. Wenn wir einen Sitzkreis gebildet hatten, durfte jeder, der über eine gute Tat, die er begangen hatte, berichten konnte, dort einen Strohhalm für das Christuskind hineinlegen. Es sollten möglichst viele werden, damit das Neugeborene nach seiner Geburt weich, ganz weich lag. Heinrich, ein Streithammel, informierte uns mit Stolz über seine Meisterleistung: »Ich habe mich die ganze Woche nicht mit meiner Schwester gezankt.« Tante Friederike nickte anerkennend. Das hieß, er durfte seinen Strohhalm zur Krippe bringen. Beate, eine Naschkatze, eröffnete uns: »Ich habe schon fünf Tage auf Süßigkeiten verzichtet.« Franz, ein Faulpelz, verkündete lauthals sein aufopferungsvolles Handeln, sprach von der großen Hilfe, die er für seine Mutter gewesen war bei der täglichen Hausarbeit. Sie alle durften die Krippe für den Heiland auspolstern.

Ich trat vor und legte auch einen Strohhalm dort

hinein. Zum ersten Mal schaute Tante Friederike ernst drein. Nicht ganz ernst, eher überrascht und meinte: »Bernhard, du musst uns doch erst von deiner guten Tat berichten.« Ich stotterte: »Das kann ich nicht.«

»Eine gute Tat kann man doch jedem mitteilen«, ermutigte sie mich.

»Ja, schon. Aber ich nicht.«

Jetzt stand Tante Friederike auf, legte liebevoll ihren Arm um mich, wie nur sie es konnte, und bestärkte mich, ihr mein Problem mitzuteilen. Ich zögerte, sah sie an, gab jeden Widerstand auf.

»Ich wollte nicht ein Rivale von Franz werden«, stotterte ich dann.

Jetzt schaute sie mich mit ganz großen Augen an und bat: »Nun rede mit mir!«

Ganz leise flüsterte ich: »Ich habe gehört, als neulich Vati zu meiner Mutter sagte, Uwe und Udo, unsere Nachbarn, werden immer zerstritten bleiben bis zu ihrem Tod, weil sie früher einmal zu Rivalen geworden sind. Sie liebten beide Melanie, die schöne Tochter des Organisten.

Franz und ich lieben beide dich von ganzem Herzen und wenn wir groß sind, wollen wir dich heiraten.« Ich machte eine Pause, weil ich schlucken, die Tränen zurückhalten musste. Dann erklärte ich ihr: »Ich habe beschlossen, auf dich zu verzichten.« Sie sah mich jetzt wieder mit ihren so gütigen Augen an. Ich hätte am liebsten den Strohhalm wieder zurückgenommen.

Tante Friederike sagte nichts, legte nur ihren Arm anerkennend auf meine Schulter und ging mit mir zu meinem Platz. Ich war zu klein, um zu verstehen, was sie dachte. Heute weiß ich es: In jeder Phase eines Lebens sind die Gedanken und Wünsche, Hoffnungen und Träume wichtig für den Menschen, für jeden von uns. Ich habe damals in meinen Augen wohl das größte Opfer von allen gebracht, größer als das von Heinrich, von Beate oder Franz. Ich habe um des Friedens Willen verzichtet und somit Weihnachten gelebt.

31 *Mutprobe bestanden*

In früheren Zeiten, als die »Tante-Emma-Läden« mehr und mehr durch größere Kaufhäuser ersetzt wurden, aber noch nicht Supermärkte waren, geschah in unserem Dorf etwas Ungewöhnliches.

Seit jeher war es bei uns üblich, dass am Heiligabend ein Krippenspiel am Nachmittag auf dem Dorfplatz aufgeführt wurde. Inhaltlich lehnte es sich stark an das Lukasevangelium an. Im Gegensatz zu anderen aber wurde es, wie es schon der Heilige Franz von Assisi im Jahr 1223 in der Höhle bei Greccio vorgenommen hatte, mit lebendigen Menschen und Tieren aufgeführt. Ochs und Esel wie Schafe gab es genug in unserer ländlichen Gegend. Die Jungfrau Maria und der heilige Josef wurden von Erwachsenen dargestellt, von Personen, die sich um das Wohl unserer Gemeinde im letzten Jahr verdient gemacht hatten. Die Hirten aber durften Kinder sein, denn es sollte ihnen in erster Linie zum besseren Verständnis der Weihnacht dienen. Die Auswahl nahm traditionsgemäß der Schulsprecher unserer Volksschule vor.

Ingo, ein Klassenkamerad von ihm, wünschte sich von ganzem Herzen, zu den Auserwählten zu gehören. Dieser schlug ihm auf dem Schulhof vor: »Ich treffe dich mit einigen Nominierten an der *Alten Linde* in der Bahnhofstraße um drei Uhr. Sei pünktlich!«

Er war pünktlich, die anderen auch. Rainer, der Schulsprecher, sagte zu ihm: »Die Hirten waren mutige Männer. Denn sie mussten ihre Schafe vor Wölfen und anderen wilden Tieren, auch vor Dieben und Räubern schützen. Sie trugen ihren Hirtenstab nicht nur zur Zierde oder um sich darauf zu stützen, sondern um Feinde abzuwehren, besonders aber auch, um giftige Schlangen von ihren Füßen und Beinen fernzuhalten. Darum musst du uns beweisen, dass du Mumm in den Knochen hast und eine Mutprobe bestehen.« Er machte eine Pause. Alle anderen nickten zustimmend. Er forderte ihn auf:

»Geh in den Laden vom alten Schubert und hole eine Tafel Schokolade heraus, ohne sie zu bezahlen!«

Ingo war nicht wohl dabei. Trotzdem tat er es. Er fragte sich: »Gehört überhaupt Mut dazu, einem alten Mann eine Tafel Schokolade zu stehlen?« Zumal die Sache denkbar einfach war. In den hinteren Regalen befanden sich damals die Konserven und die verpackten Lebensmittel, also auch die Süßigkeiten. Der alte Schubert hatte vorn im Laden alle Hände voll zu tun. Mehl und Zucker entnahm er aus den Schubladen an der Theke, Äpfel und Birnen aus den Körben am Eingang.

Bei den hinteren Regalen gab es damals weder eine Überwachungskamera noch einen Hausdetektiv. Ingo steckte also seelenruhig das Diebesgut in seine Jackentasche und griff nach einem Schreibheft, das er an der Kasse bezahlte.

Draußen lobten ihn seine Schulkameraden und freuten sich über die Beute, die sie unter sich aufteilten, vor allem sicherten sie ihm zu, dass er nun einen Hirten spielen dürfe. Darüber war Ingo überglücklich, tief bedrückt aber über seine unrechtmäßige Tat. Immer wieder sagte er sich: »Das war kein Heldenstück! Es gehört kein Mut dazu, einen alten Mann zu bestehlen.«

Als er am nächsten Morgen an Schuberts Geschäft vorbeikam, klopfte sein Herz wild. Nach Schulschluss betrat er den Laden, legte Geld auf die

Theke und stammelte: »Ich möchte eine Tafel Schokolade bezahlen.« Der alte Mann sah ihn mit seinen gütigen Augen an und meinte: »Ingo, du musst dir doch erst eine nehmen.«

»Ich habe sie mir gestern genommen, habe sie gestohlen. Es war eine Mutprobe.«

Herr Schubert lächelte und lobte ihn: »Deine Mutprobe hast du heute bestanden.«

Als Ingo den Laden verließ, rief Herr Schubert ihm noch nach: »Vor allem hast du deinen weihnachtlichen Frieden mit dir selbst gemacht.«

32 *Geburtstag eines Kindes*

Marion hat eingeladen und alle sind gekommen. Ihr Bruder Jan mit Frau und seinen beiden erwachsenen Töchtern, ihre Schwester Jutta mit ihrem Mann und ihre Schwägerin, alleinerziehende Mutter, mit ihrem 18-jährigen Sohn. Sie sitzen in gemütlicher Familienrunde, essen und plaudern, vor allem loben sie Marions Kochkünste. Nach dem Festschmaus setzen sich alle ins Wohnzimmer, unterhalten sich bei einem Glas Saft, einer Tasse Kaffee, einem guten Tropfen Wein oder einem kühlen Bier und genießen das gesellige Miteinander. Als man sich verabschiedet, ist man sich einig, es war ein gemütliches Familientreffen.

Die Gäste sind gegangen, der 4-jährige Sohn kommt aus seinem Kinderzimmer mit verweintem Gesicht.

»Warum heulst du?«, fragt der Vater.

»Ich habe heute Geburtstag«, schluchzt Julius, »den wollten wir feiern.«

»Das haben wir doch auch«, erwidert der Vater, »es waren alle da, wir haben zusammen gesessen, erzählt und dabei viel gelacht.«

»Die Großen haben miteinander gefeiert, mich hat keiner beachtet. Ihr habt nicht einmal gemerkt, dass ich in mein Zimmer gegangen bin und alleine gespielt habe.«

»Leider ist das so«, mischt sich die Mutter ein und nimmt ihren Sohn tröstend in den Arm, »und wiederholt sich Millionen Mal.«

»Frau, jetzt übertreibst du«, protestiert ihr Mann.

»Nein, nein«, sagt sie, »es wiederholt sich wirklich Millionen Mal, in Millionen Haushalten, jedes Jahr. Die Menschen feiern Geburtstag so wie wir heute. Jedes Jahr zu Weihnachten, an jedem Heiligabend. Sie feiern bei gutem Essen und reichlich Alkohol und verschwenden keinen Gedanken an das Geburtstagskind. So wie wir heute.

Wer denkt schon am Heiligabend daran, dass Jesus, der Retter der Welt, geboren wurde? Und wer will gerettet werden, wenn es einem in gemütlicher Runde gut geht?«

33 *Missbrauchter Nikolaus*

Die Weihnachtszeit ist schön, für viele Menschen die schönste Zeit des Jahres, besonders für uns Kinder. Letzten Sonntag haben wir, das sind meine Eltern, mein 5-jähriger Bruder Theodor, meine 6-jährige Schwester Clea und ich, Anton, acht Jahre alt, den ersten Advent gefeiert. Zu Mittag gab es das Lieblingsgericht meines Vaters, Rinderbraten mit Klößen und Rotkohl. Auch wir Kinder mögen das sehr gerne, weil das Fleisch immer so weich und zart ist. Am späten Nachmittag, als es schon dämmerte, zündete mein Vater die erste Kerze am Kranz an und meine Mutter die drei am Leuchter auf der Fensterbank. Es war richtig anheimelnd. Dazu gab es Christstollen, Spekulatius und selbstgebackene Plätzchen.

Heute, am 6. Dezember, sitzen wir alle wieder in trauter Runde und warten auf den Nikolaus. Die Kerzen im Raum flackern, im Garten leuchtet eine Lichterkette an der Silbertanne. Wir singen Adventslieder. Vater erzählt die Legende von den drei armen Jungfrauen, denen der heilige Nikolaus Goldmünzen geschenkt hat, damit sie sich ihre Aussteuer kaufen und heiraten konnten. Die Legenden von den in Not geratenen Seeleuten, vom ungerechten Statthalter und dem schon so oft gehörten Kornwunder waren diesmal nicht angesagt.

Ein bisschen Herzklopfen hat jedes von uns Kindern, keiner von den Erwachsenen, vermute ich. Um uns Mut zu machen, singen wir die Lieder besonders laut.

Endlich ertönt das mit Sehnsucht erwartete Klopfen. Bischof Nikolaus tritt mit lautem Stapfen ins Zimmer. Wie immer hat er seinen roten Mantel an, trägt auf dem Kopf eine Mütze, im Gesicht einen weißen Bart und über der Schulter den großen Sack. Mit tiefer Stimme fordert er uns auf, noch einmal »Nikolaus, komm in unser Haus« zu singen. Wir gehorchen brav, diesmal mit zaghafteren Stimmen. Eigentlich unsinnig, meine ich, denn er ist doch schon da. Zwischenzeitlich hat er sich gesetzt und das obligatorische dicke Buch aufgeschlagen.

Als Erster muss Theodor vortreten. Er fängt bei dem Kleinsten an, dann bin ich zuletzt an der Reihe, vermute ich mal. Er wird milde ins Gebet genommen, soll sich nicht so oft mit seiner älteren Schwester streiten, sein Mittagessen in Zukunft brav aufessen und ohne zu quengeln ins Bett gehen. Zum Glück fällt dem Bärtigen dann auch etwas Positives ein, zum Beispiel seine häufige Hilfe beim Abwaschen.

Was sagt er wohl im nächsten Jahr, wenn wir endlich unsere neue Küche mit einer Spülmaschine haben, frage ich mich. Besonders lobt er, dass mein kleiner Bruder sich immer wieder schnell nach einem Streit verträgt. Theodor hat sich alles reumütig mit hängendem Kopf angehört. Schweigend natürlich! Widerspruchslos! Die Ausführungen zeigen die Handschrift meiner Mutter. Er nimmt dann dankend sein Päckchen entgegen, das Nikolaus nach langem Suchen aus seinem Sack hervorzaubert und geht zigmal Danke murmelnd zu seinem Stuhl zurück. Der Name Theodor bedeutet »Geschenk Gottes«, für mich »Falscher Fünfziger«.

Dann ist Clea an der Reihe. Bei ihr wird das dicke Buch nicht zu Rate gezogen. Zu tadeln gibt es bei ihr kaum etwas. Sie könnte ihr Zimmer etwas besser aufräumen, an den Streitereien mit ihrem Bruder trägt eher dieser die Schuld. Ansonsten gibt es nur Lobenswertes zu berichten. Sie ist sehr fleißig und darum gut in der Schule, hilft ihrer Mutter gern in der Küche und ist nett und höflich zu jedermann.

Das klingt alles nach Papas Handschrift, sie ist ja auch sein Liebling. Mir geht sie manchmal ganz schön auf die Nerven. Sie macht brav einen Knicks, bedankt sich tausendmal für ihr Geschenk und setzt sich mit freundlichem Lächeln. Ihr Name bedeutet auch »die Rühmende«. Unrühmlich für mich ihr Verhalten, geheuchelt, finde ich.

Dann muss ich antreten. Bei mir schlägt der weise Mann wieder sein dickes Buch auf und liest darin. Mir fällt jetzt die massive Hornbrille auf, die mich an Onkel Kasimir erinnert. Stark erinnert! Sie gleicht dieser bis in alle Einzelheiten! Ich mag ihn nicht besonders, weil er auf uns Kindern immer so herumhackt. Des heiligen Mannes Tadeltirade beginnt mit meinen schlechten Leistungen in der Schule, erstreckt sich über mein flegelhaftes Benehmen Erwachsenen gegenüber, einschließlich meiner Eltern, und endet mit meinem widerspenstigen Verhalten und frechen Antworten gegenüber jedermann. Das Ganze sieht nach den geistigen Ergüssen von beiden aus, von Papa und Mama. Ob er überhaupt noch etwas Gutes gesagt hat, weiß ich nicht. Vielleicht! Mein Name bedeutet »Unschätzbar«.

Ich hatte den Eindruck, Schätzenswertes gab es bei mir nicht zu entdecken. Jedenfalls habe ich mich auf meinen Platz gesetzt und dem heiligen Mann den Vogel gezeigt, ja mehrfach mit dem Zeigefinger an meine Schläfe getippt. Die entsetzten Gesichter aller nahm ich sehr wohl wahr.

Seitdem glaube ich nicht mehr an den Weihnachtsmann, das Christkind und den Osterhasen und mit dem Nikolaus müsst ihr mir gar nicht mehr kommen. Aber die Weihnachtszeit finde ich trotzdem schön und auf den Heiligabend freue ich mich immer noch, riesig sogar.

In der Familie

34 *Weihnachten, ein Anachronismus?*

Im Jahr 2083.

»Schau Papa, was ich auf dem Dachboden gefunden habe!«, freut sich der 7-jährige Stefan und zeigt seinem Vater eine Babypuppe in einem Holzgestell. »Da oben liegen noch andere merkwürdige Figuren, eine Frau und ein Mann, beide in langen Kleidern, viele Männer in einfachen Klamotten, darunter aber drei Männer in bunten Gewändern. Ganz vornehme!« Er strahlt seinen Vater an, glücklich über seinen ungewöhnlichen Fund. »Dort sind auch viele Tiere, Schafe, Kamele und ein Ochse und ein Esel. In der Ecke vergammelt ein seltsamer Holzverschlag.« Mit großen Augen sieht er seinen Vater an und meint: »Er sieht aus wie eine Bretterbude.«

»Oh je«, erinnert sich Herr Meinert, »das alte Zeug gehörte deinem Urgroßvater. Es gab eine Zeit, da waren die Kirchen und Dome nicht Museen, Ausstellungs- und Veranstaltungsräume. Die Menschen hielten dort Gottesdienste ab.« Er bittet seinen Sohn, sich zu ihm auf die Bank zu setzen. Dann berichtet er: »Aus dieser Zeit stammt auch deine Entdeckung. Im Winter feierten die Menschen ein heidnisches Fest, dass sie Weihnachten nannten. Sie stellten Bäume ins Wohnzimmer.«

Stefan unterbricht ihn und staunt: »Richtige Bäume? Was für welche?«

»Tannen oder Fichten.«

»Solche, wie sie im Wald wachsen mit spitzen Nadeln?«

»Genau solche!«

»Welch merkwürdiger Brauch!«

»Dazu bauten sie einen Stall auf mit den Figuren und Tieren, die du gefunden hast. Sie glaubten, ein Erlöser sei auf die Welt gekommen, ein König, ein Herrscher oder so ein ganz besonderer Mensch.«

»Warum in einem Stall und nicht einem Palast?«

»Das weiß ich auch nicht. Das Wissen darum ging im Laufe der Jahre verloren. Die fortschrittlichen Zeitgenossen besuchten nicht mehr die Kirche, um Gottesdienste abzuhalten. Sie hatten sich nur einen Brauch bewahrt, sich an diesem Tag teure und viele Geschenke zu machen. Er war ein Tag des Kommerzes geworden, der Kaufleute und Ladenbesitzer, der Konzerne und Großunternehmen. Da sich im Laufe der Jahre keiner mehr daran erinnerte, warum man eine Krippe und einen Baum aufstellte, sagte man sich, warum beschenken wir uns an einem Tag im Jahr so reichlich, der seinem Ursprung nach möglicherweise auf heidnisches Brauchtum zurückgeht.«

»Das verstehe ich«, meint Stefan. »Es ist auch sinnvoller, sich zum Geburtstag, zum Erntedankfest oder zu Halloween etwas zu geben.«

»Oder wie Mama und ich zu unserem Hochzeitstag, zum Valentinstag oder einfach so, um uns zu zeigen, dass wir uns lieb haben.«

»Es ist gut, dass wir alte Zöpfe abschneiden«, sagt der Vater selbstbewusst. Dann wird er doch ein bisschen nachdenklich und meint: »Manchmal sehe ich das Bild vor mir, wie am 25. Dezember mein Großvater sich die Hände vors Gesicht hält, um nicht zu zeigen, dass er weint. Darum denke ich oft, wenn er in Erinnerung an dieses Fest Tränen vergießt, muss es ihm etwas bedeutet haben.«

35 *Weihnachten gehört zu Ostern*

Manche Geschichten sind besonders schön, weil sie authentisch sind.

Kurz vor Weihnachten betrat in Detroit eine 9-Jährige eine Apotheke. Der Pharmazeut schaute sie erstaunt an, denn sein Sortiment gehört nun mal nicht in Kinderhände. Trotzdem fragte er höflich: »Gnädiges Fräulein, was kann ich für dich tun?« Sie kramte in ihrer Manteltasche, legte Geld auf den Ladentisch und sagte mit bittender Stimme: »Ich möchte ein Wunder kaufen.« Der Apotheker lächelte, hielt den Vorgang für einen niedlichen Witz und meinte: »Wunder verkaufen wir hier nicht. Vielleicht gehst du zu einem Pfarrer in seine Kirche. Der ist eher dafür zuständig.«

Die Kleine sah ihn ernst an und sagte dann: »Sie verkaufen hier doch Dinge, die die Menschen wieder gesund machen. Stimmt doch, oder?« Der Arzneikundige nickte. Das Mädchen fuhr fort: »Ich habe gehört, wie Daddy zu meiner Mom sagte: ›Wenn Tom im nächsten Jahr Weihnachten erleben soll, kann ihm nur noch ein Wunder helfen‹. Tom ist mein Bruder und erst fünf Jahre alt und wird doch bald sterben. Darum bin ich hier, um ein Wunder zu kaufen.« Sie zeigte auf das Geld, das sie mit der Hand auf dem Ladentisch ausbreitete. »Ich habe mein Sparschwein geschlachtet. Das ist alles, was ich habe.«

»Wie viel ist es denn?«, fragte ein Mann, der hinter ihr stand. Die Kleine drehte sich um und forderte den Fremden auf: »Zählen Sie selbst!« Dieser stellte fest: »Vier Dollar und fünfzig Cent! Dafür kann man schon ein Wunder kaufen. Oder was meinen Sie, Mr. Johnson?« Der Apotheker nickte zustimmend, denn er kannte den Fremden. Er war der Chefarzt des Städtischen Hospitals. »Du gibst mir jetzt deine Adresse und ich komme in den nächsten Tagen bei euch vorbei, um zu sehen, was ich für deinen Bruder tun kann.«

Am Heiligabend schellte es bei den Boys. Als die Mutter die Tür öffnete, sagte ein freundlicher Herr: »Mein Name ist Smith. Ich habe Ihrer Tochter versprochen, mir ihren Bruder einmal anzusehen.«

Die Frau bat ihn herein. Der Doktor öffnete seine Arzttasche und untersuchte den Jungen kurz. Dann sagte er: »Ihr Sohn muss dringend operiert werden. Ich lasse Ihnen nach den Feiertagen einen Termin in meinem Krankenhaus reservieren.«

Mr. Boy wehrte ab und stotterte: »Wir danken Ihnen sehr. Aber wir haben nicht das Geld für einen solchen Eingriff.« Mr. Smith schmunzelte und erklärte: »Die Operation ist schon bezahlt. Das hat Ihre Tochter erledigt.«

Die Eltern sahen sich mit großen Augen an, als der Mediziner ihr Haus verließ. Mitte Januar bekamen sie ein Schreiben, in dem ihnen ein Operationstermin Anfang Februar angeboten wurde. Die Überglücklichen fielen sich weinend in die Arme, glaubten jetzt fest an ein Weihnachtswunder.

Kurz vor dem Termin wurde ihnen mitgeteilt, dass der Eingriff verschoben werden muss, da wegen einer Massenkarambolage auf der Autobahn lebensnotwenige Operationen vorgezogen werden müssen. Ihnen wurde aber gleichzeitig ein neuer Termin angeboten. Dieser wurde noch einmal verschoben, weil technische Probleme aufgetreten waren. Mitte März aber war es dann endlich so weit und ihr Tom wurde operiert.

»Alles ist gut verlaufen«, sagte der Doktor zu den auf dem Flur wartenden Eltern. »Ihr Sohn liegt jetzt auf der Intensivstation und wir müssen warten, bis er aufwacht. Wenn er die Augen aufschlägt, hat er es geschafft, ist er über den Berg. Jetzt liegt alles in Gottes Hand. Wir haben unser Menschenmöglichstes getan.« Fortan saßen Vater und Mutter abwechselnd am Bett ihres Sohnes, schickten tausend Gebete für seine Genesung zum Himmel.

Dann endlich!

Am Ostermorgen sah er sie mit großen Augen an.

Er lebte!

Jetzt wussten sie: Die Liebe ihrer Tochter hat ihm das Leben geschenkt. Sie erfuhren am eigenen Leib, Weihnachten und Ostern gehören zusammen. Durch die Geburt Jesu und seine Auferstehung ist uns Christen auch ein anderes, ein neues Leben verheißen worden.

36 *Ein folgenreicher Fehler*

»Es ist für uns eine Zeit angekommen, die bringt uns eine große Freud'«, singen die Menschen seit eh und je an den Adventstagen. Besonders freuen sie sich auf das große Familienfest, freuen sich auf besinnliche, friedliche, aber auch glückliche Tage im Kreis ihrer Lieben. Zu diesen gehören nicht nur die beiden Weihnachtstage, vor allem der Heiligabend mit Liedern und Geschichten, Geschenken und Festmahl. Zwar müssen auch heute noch die meisten Verkäuferinnen und Verkäufer bis mittags arbeiten, in früheren Zeiten aber war das noch ganz anders. In vielen Betrieben war der Heiligabend ein ganz normaler Arbeitstag. Der Betriebsrat diskutierte mit seinen Chefs immer und immer wieder darüber, ob man an diesem besonderen Tag nicht schon gegen Mittag die Arbeiten beenden könne, um sich in Ruhe mit der Familie auf den Abend einzustimmen, den Weihnachtsbaum zu schmücken, den Gabentisch aufzustellen, das Essen vorzubereiten. Aber die Antwort der Bosse war stets: »Nein, wir haben zu viel Arbeit.«

Die Zeit für die »große Freud'« konnte so nicht aufkommen. Das ging schon darum nicht, weil in fast allen Familien bis zum späten Abend Hektik, Stress und unruhiges Treiben herrschte.

Für Familie Steiner ist das späte Heimkommen

der Mutter besonders ärgerlich. Die Kinder genießen in dieser Zeit ihre Weihnachtsferien, der Vater als Lehrer auch. Sie haben also alle frei und warten darum mit Ungeduld auf das Heimkommen der Mutter, die in einer großen Firma als Sekretärin beschäftigt ist, und wie ihre Kollegen die Arbeitsstätte erst am späten Nachmittag verlassen darf.

So war es immer. Darum warten ihr Mann, ihr Sohn und ihre Tochter wieder einmal voller Sehnsucht auf die Ankunft der Berufstätigen, als zur Überraschung aller der Schlüssel in der Tür klappert. Am Mittag! Allen ist klar, weder das Christkind noch der Weihnachtsmann können das sein, denn die kommen ja nicht mit dem Schlüssel in die Wohnung. Die Mutter steht leibhaftig vor ihnen. Die Kinder umarmen sie herzlich, freuen sich riesig.

Der Vater wundert sich und fragt an der Tür: »Hat euch der Chef doch eher gehen lassen, hat er Einsicht gezeigt?«

»Frage eins: Ja! Frage zwei: Nein«, antwortet seine Frau seelenruhig, zieht ihren Mantel aus, legt Mütze, Schal und Handschuhe auf der Garderobe ab. Dann setzt sie sich zu ihnen und gesteht mit einem verschmitzten Lächeln: »Ich habe einen Fehler gemacht.«

Der Vater bricht in ein schallendes Gelächter aus: »Das kann dir nicht passieren. Du und Fehler?

Du machst keine Fehler ... Nicht zu Hause, nicht in der Firma! Deiner Meinung nach sollten wir Drei so vollkommen werden wie du.« Er sagt das nicht ohne einen ironischen Unterton.

Die Mutter erklärt ihr »Missgeschick«: »Mein Chef hat mir ein Rundschreiben diktiert. Er hat gesagt: ›Hl. Abend zwölf Uhr Feierabend auf keinen Fall, Arbeit bis 16 Uhr‹. Alle mussten diese Anweisung lesen. Umso mehr wunderte er sich, als die gesamte Belegschaft glücklich und zufrieden am Mittag das Firmengelände verließ und sich jeder auf einen geruhsamen Heiligabend mit seiner Familie freute.« Ihr Mann schaut sie fragend an.

Die Mutter schmunzelt vielsagend: »Ich habe geschrieben, was er diktiert hat, nur das Komma anders gesetzt: ›Hl. Abend zwölf Uhr Feierabend, auf keinen Fall Arbeit bis 16 Uhr‹.«

Florian, ihr Ältester, beginnt zu singen: »Es ist für uns eine Zeit angekommen ...« Alle lachen und freuen sich auf den Heiligabend, der diesmal schon am Mittag beginnt.

37 *Gefunden*

Die Vorweihnachtszeit ist eine Zeit der Heimlichkeiten. Die Kinder sitzen nun öfter zusammen, malen oder basteln. Die Eltern verschwinden schneller nach dem Einkauf im Schlafzimmer, wo es dann raschelt und knistert. Man flüstert und tuschelt, jeder hat etwas zu verstecken, das erst am Heiligabend wieder hervorgeholt wird.

Bei Till ist das anders. Jedes Jahr vor Weihnachten hat er ein Problem. Denn dann quält ihn die Frage: Was schenke ich meinem Vater?

Für die Mutter lässt sich immer etwas finden, Pralinen oder Parfüm, aber sein Vater besitzt alles, was er benötigt. Andere Kinder kaufen Tabak oder Wein, eine CD oder ein Buch, um diese Geschenke am Heiligabend auf den Gabentisch zu legen.

Für Till trifft das nicht zu. Sein Vater hat eben alles, was er braucht. Selbst für die Segeljacht oder die Tennisausrüstung gibt es nichts, was der Sohn noch hinzufügen könnte. Sein Vater ist reich und was soll man einem steinreichen Mann schenken? Möglichst noch etwas, worüber er sich auch freuen kann. Nicht einmal ein eigenhändig gebastelter Fensterschmuck oder ein selbst gemaltes Bild kam mehr in Frage. So etwas konnte Till überreichen, als er noch in den Kindergarten und die Grundschule ging. Aber jetzt, als Gymnasiast, muss er sich schon mehr einfallen lassen. Aber was, wenn es doch an nichts fehlt?

Am Morgen des Heiligabends hat Till sein Problem immer noch nicht gelöst. So läuft er zum wiederholten Male durch die Stadt, die Ersparnisse in seiner Hosentasche, von denen er so gerne seinem Vater eine Freude bereiten würde. Doch vor welchem Schaufenster er auch stehen bleibt, welche Auslage er sich auch ansieht, nichts Passendes ist für ihn, besser gesagt für seinen Vater, dabei. Till ist verzweifelt. Bis zum Geschäftsschluss dauert es nicht mehr lange. Da fällt sein Blick, als er über den Markt geht, wo schon das große Aufräumen beginnt, auf ein Bund Suppengrün. Till bleibt wie hypnotisiert stehen. Er starrt auf das Gemüse. Es kommt ihm eine Idee und er kauft das Suppengrün. Für weitere Besorgungen eilt er ins Kaufhaus.

An diesem Heiligabend, der wie eh und je mit den Eltern, den Großeltern und Onkel Walter, Vaters Bruder, gefeiert wird, stellt Till einen Korb mit dem Suppengemüse, dazu zwei Tüten Erbsen, Möhren, etwas geräucherten Speck, ein paar Kartoffeln und Zwiebeln, ein Pfund Dicke Rippe und eine große Dose Würstchen auf den Gabentisch.

Alle schauen abwechselnd auf die Lebensmittel, dann auf Till. Sie sind verdutzt. Das Erstaunen wird noch größer, als nicht die Mutter dieses Geschenk erhält, sondern der Vater.

»Ich werde«, sagt Till bei der Übergabe, »mit dir am ersten Weihnachtstag eine Erbsensuppe kochen. Das kann ich, und dir werde ich es beibringen.«

Nach einer Pause setzt er hinzu: »Dies ist dein Geschenk und wie du mich gelehrt hast, sollte man

Geschenke nie ablehnen. Am besten wir weichen die Erbsen gleich ein.«

Ohne eine Antwort abzuwarten, eilt Till in die Küche und holt eine große Schüssel, in die er die Hülsenfrüchte schüttet. Die Großeltern lächeln. Auch die Mutter grinst. Till ist, als würde sogar um Vaters Mundwinkel ein Schmunzeln liegen. Am ersten Weihnachtstag steht sein Vater mit umgebundener Schürze am Herd, bereit, seine erste Kochstunde zu erhalten. Beim Schälen der Kartoffeln und beim Zerkleinern der Mohrrüben pfeift er sogar. Statt der üblichen Weihnachtsgans, die diesmal einen Tag später serviert wird, dampft auf dem Tisch Erbsensuppe mit Bockwürstchen.

»Sehr lecker«, meint Onkel Walter, nachdem er probiert hat. Dann wendet er sich seinem Neffen zu und lobt ihn: »Ich wusste gar nicht, dass du ein so guter Lehrmeister bist.«

»Weißt du«, sagt Vater, als er das Würstchen zerschneidet, »wir werden von nun an, lieber Sohn, jedes Jahr am ersten Weihnachtstag unsere Erbsensuppe kochen. Das wird jetzt Tradition.« Till ist stolz auf sich und auf seinen Vater.

38 *Das schönste Miteinander*

Fragt man mich, was ist für dich das Schönste an der Advents- und Weihnachtszeit ist, dann antworte ich ganz spontan: das Plätzchenbacken, die Weihnachtsbäckerei. In der dritten Adventswoche war es so weit! Meine Mutter stellte stets zuvor alle Zutaten bereit: Mehl und Milch, Butter und Backpulver, Zimt und Zucker, dazu Eier, zumeist nur eins. Alle machten mit: Oma und Opa, Mama und Papa, Steffi und ich. Steffi ist meine Schwester. Es wurde gerührt, geknetet, ausgerollt.

Das alles wieder und wieder. Dann ging es ans Ausstechen. Wir hatten alle denkbaren Formen: Mond und Sterne, Tannenbäume und Stiefel, Engel und Herzen. Opa und Papa waren die Eifrigsten. Manchmal meinte ich, sie wettereiferten miteinander wie Kinder im Sandkasten beim Kuchenbacken.

Die übergebliebenen Teigreste kneteten sie stets hingebungsvoll, lange und ausdauernd. Es war mir, als wollten sie die Zeit stillstehen lassen, den Augenblick festhalten. Sie hatten Freude wie wir alle am gemeinsamen Tun. Nie wurde so viel genascht wie bei diesem gemeinschaftlichen Backen. Nicht nur wir Kinder, auch die Erwachsenen durften das. Meine Mama hatte sogar ihre Freude daran. Nur am Abend taten Steffi und mir die Bäuche weh. Das war dann nicht so schön. Sonst war alles wunderbar, denn die Weihnachtstage waren so reich an familiärem Miteinander.

Während die Plätzchen im Ofen backten und auf dem Blech auskühlten, wurden stets Geschichten vorgelesen, Kurzgeschichten natürlich, und Lieder gesungen, nur die erste Strophe. Sonst hätte alles viel zu lange gedauert und unsere Prachtstücke wären verkohlt.

Dann der letzte Gang, nein, der vorletzte. Jetzt begann die Feinarbeit: bestreichen mit weißem Zuckerguss, bestreuen mit bunten Streuseln und belegen mit leckeren Nüssen.

Und dann endlich: das Probieren. Mutter erlaubte auch das. Jeder, auch Großmutter, die an leichter Diabetes litt, ließ alle Fünfe gerade sein. Oder waren es sechs oder sieben?

Erst jetzt erfolgte der letzte Gang, der zu unseren Nachbarn. Wir wohnten in einer Stichstraße mit sechs Häusern. Hinter den Gardinen lauerten schon Jung und Alt, warteten Kinder wie Erwachsene auf Steffi und mich mit unseren bunten, prallgefüllten Weihnachtstellern. Geben ist seliger als Nehmen! Die Kinder reichten uns als Dankeschön kleine Tüten mit gekauften Dominosteinen, Spekulatius und Marzipankartoffeln. Es geht aber nichts über Selbstgebackenes!

Vor dem ersten Weihnachtsfest nach unserer Hochzeit fragte ich meine Frau: »Backen wir Plätzchen?« Mein Schatz lachte laut, drückte mir fünf Euro in die Hand und sagte: »Geh und kauf dir welche! Du bist und bleibst ein Kindskopf. Aber deshalb liebe ich dich so.«

Heute steht sie jeden zweiten Adventssonntag schon früh morgens in der Küche mit umgebundener Schürze, hat schon in der Nacht alle Zutaten bereitgestellt und kann es gar nicht erwarten, bis unsere Kinder aufwachen. Das Frühstück wird heruntergeschlungen und dann geht sie los: die Weihnachtsbäckerei, das wunderbare, familiäre Handeln, das Miteinanderfreuen! Auch das Verteilen der Plätzchen in der Nachbarschaft gehört dazu. Wie gesagt: Geben ist seliger als Nehmen. Nicht nur in der Weihnachtzeit!

39 *Die Hoffnung stirbt nicht zuletzt*

Am ersten Weihnachtstag sitzt Gerda Wagner in ihrem Rollstuhl in der Eingangshalle des Seniorenheims »Waldfrieden« und wartet. Sie trägt ihr schönstes Kleid, das sie nur an den hohen Feiertagen der Kirche anzieht. Sie wartet auf ihren Sohn, seine Frau mit den beiden Töchtern Lina und Leni, die sie über alles liebt. Sie hofft auch auf das Kommen ihrer beiden Töchter mit ihren Ehemännern und deren Kindern.

Die Eingangstür hat sie fest im Blick. Mit Wehmut denkt sie daran, wie sie früher im Kreis ihrer Lieben den Heiligabend verbrachte, als ihr Mann noch lebte und sie in ihrem eigenen Haus wohnten. Ihre Kinder und Enkelkinder samt deren Partnern oder Partnerinnen kamen stets zu ihnen und sie versammelten sich alle um den liebevoll geschmückten Weihnachtsbaum. Es gab dann immer die Bescherung für alle und danach etwas Herzhaftes auf die Gabel. Dabei wurde gelacht, gescherzt und sich von Herzen gefreut. An den Weihnachtstagen besuchte sie mit ihrem Mann im Gegenzug die Kinder. Reihum!

Jetzt sitzt sie hier einsam und verlassen und sehnt sich nach ihnen. Der Vormittag vergeht langsam. Nichts Entscheidendes tut sich, nur Fremde kommen und gehen. Kein bekanntes Gesicht ist dabei, nicht ihr Sohn noch ihre Töchter, auch kein Enkelkind. Unentwegt starrt sie dennoch auf jedes Öffnen der Tür. Bei jedem Aufgehen keimt Hoffnung.

Gegen Mittag legt Schwester Elisabeth ihr die Hand auf die Schulter und sagt: »Frau Wagner, ich fahre Sie jetzt in die Kantine zum Mittagessen. Danach sollten Sie sich etwas hinlegen. Nachmittags kommen auch noch Besucher. Ich hole Sie später wieder ab.« Die alte Dame folgt der Anweisung nur widerwillig, befürchtet, den entscheidenden Moment der Ankunft der Angehörigen zu verpassen.

Sie bekommt kaum einen Bissen herunter, zu aufgeregt ist sie. An einen Mittagsschlaf ist gar nicht zu denken. Gleich nach dem Essen hockt sie wieder in der Eingangshalle und wartet und wartet und wartet. Wieder gehen viele Besucher an ihr vorbei. Nur keines ihrer Kinder, kein Enkelkind, weder Schwiegertochter noch Schwiegersöhne. Sie denkt, es ist Weihnachten, das Fest der Liebe, die sie bekommen möchte von ihren engsten Verwandten, die auch sie ihnen schenken will. Gern würde sie jeden von ihnen in die Arme nehmen und sich aufgehoben fühlen im familiären Kreis.

Sie harrt den ganzen Nachmittag in ihrem Rollstuhl aus. Manchmal fallen der fast Neunzigjährigen die Augen zu. Nur für Sekunden! Dann starrt sie wieder auf die Tür und hofft. Bei jedem Öffnen streicht sie sich ihr Festtagskleid glatt. Sie wartet, glaubt an ein Weihnachtswunder bis zuletzt, bis sich die Türen schließen. Sie schließt in diesem Augenblick auch ihre Augen, um ihre Tränen zurückzuhalten.

»Morgen ist auch noch ein Tag, auch noch ein Feiertag«, sagt Schwester Elisabeth mit mitleidsvoller Stimme, »ich bringe Sie jetzt zum Abendessen.« Die Seniorin wehrt ab: »Ich kann nichts essen, bekomme keinen Bissen hinunter. Schieben Sie mich bitte auf mein Zimmer!«

»Aber Sie haben heute fast noch nichts zu sich

genommen. Das Küchenpersonal hat doch ein Festmahl bereitet.«

»Vielen Dank, Schwester Elisabeth, für Ihre Fürsorge! Vielleicht bekomme ich morgen Besuch und kann dann mit meinen Gästen umso mehr verspeisen.«

Die Pflegerin denkt: »Die Hoffnung stirbt nicht einmal zuletzt. Sie stirbt nie.«

Miteinander und Nächstenliebe

40 *Liebe Kinder,*

es gibt unglaublich viele Rentiere. Eines aber könnt ihr mir glauben. Es hat noch nie ein Mensch einen Schlitten mit diesen wunderschönen Tieren durch die Luft fliegen sehen. Wenn also der Weihnachtsmann den Kindern am Heiligabend Geschenke bringt, dann nicht mit einem solchen Gespann mit der Geschwindigkeit eines Überschallflugzeuges. Er muss sich Schritt für Schritt auf der Erde bewegen. Wenn er Glück hat, liegt viel Schnee und er kommt mit einem Schlitten schneller voran als zu Fuß.

Nun eine Rechnung: In Deutschland gibt es über 40 Millionen Haushalte, davon sind mehr als die Hälfte, 24 Millionen, Mehrpersonenhaushalte und davon wieder die Hälfte, also 12 Millionen, Ein-Kind-Familien. Lebt mehr als ein Kind in einer Familie, spielt das für meine Berechnung keine Rolle. Nehmen wir an, ein fleißiger, umsichtiger, arbeitsamer Weihnachtmann hätte seinen Schlitten vor dem Heiligabend sorgfältig gepackt und er würde die Geschenke den Kindern an diesem Tag vorbeibringen, dann blieben ihm für das Vorfahren, Parken, aus dem Schlitten springen, schellen, Treppe hochlaufen, Geschenke unter dem Weihnachtsbaum verteilen, Treppe hinunterlaufen, mit dem Schlitten zur nächsten Wohnung fahren, wenn er also 12 Millionen Haushalte in 12 Stunden, mit Überstunden also, beliefern würde, hätte er genau 0,0036 Sekunden Zeit, um diese in einer Familie auszuliefern. Eine nicht lösbare Aufgabe!

Ich vermute darum, nein, ich bin mir sicher, dass es einen solchen Wundermann gar nicht gibt, nicht geben kann. Ich glaube, dass es eure Eltern, Großeltern oder andere Verwandte sind, die eure Wünsche erfüllen. Sie lassen sich dabei viel Zeit, um die Geschenke mit Liebe auszusuchen, sie sorgfältig zu verpacken, dekorativ unter den Weihnachtsbaum zu legen. Das ist mehr als ein guter Grund, das ganze Jahr über besonders lieb zu ihnen zu sein. Oder was meint ihr? Das wäre dann euer Geschenk an sie. Ihr könnt es über das ganze Jahr verteilen. Euch auch viel Zeit lassen! Nehmt euch das vor!

Liebe Grüße
euer Christkind, mich gibt es wirklich,
bin ein Geschenk Gottes an euch.

41 *Zig Mal an einem Morgen*

Im Jahr 1425 erschienen der Bauerntochter Jeanne D'Arc die Heiligen Katharina und Margareta, begleitet vom Erzengel Michael, und gaben ihr den Auftrag, Frankreich vom Erzfeind England zu befreien.

Im Juli 1858 erschien in Lourdes dem einfachen Bauernmädchen Bernadette die Mutter Gottes zum ersten Mal – in einem weißen Gewand mit einem blauen Gürtel. Im Laufe der Zeit noch achtzehn Mal.

Im Mai 1917 erschien den Geschwistern Jacinta und Francisco und ihrer Cousine Lucia die Mutter Gottes – strahlender als die Sonne – in Fatima.

Der Pfarrer in einem kleinen norditalienischen Dorf behauptete nach dem Rosenkranzgebet am dritten Adventssonntag, er habe nicht nur Erscheinungen von Heiligen, einem Engel oder der Mutter Gottes gehabt, sondern wahrhafte Begegnungen mit ihrem Sohn selbst, Jesus Christus, dem Retter der Welt.

Seine Gemeinde glaubte ihm nicht, hielt ihn für einen Spinner oder einen Angeber und beauftragte den Gemeinderatsvorsitzenden, der Sache auf den Grund zu gehen, den Pfarrer ständig im Auge zu behalten. Das tat er auch.

An einem frühen, kalten Morgen sah er, wie der Geistliche still und leise das Haus verließ und durch den tiefen Schnee stapfte. Er folgte ihm in gebührendem Abstand. Der Padre ging nicht zu einer Grotte oder einem freien Feld, wo eine derartige Begegnung stattfinden könnte, sondern näherte sich dem Armenviertel der Stadt. Selbst in Hauseingängen und unter Torbögen lagen frierende und hungernde Menschen. Eine Frau hielt ihr neugeborenes Kind in ihren Armen und bettelte. Der Vorsitzende sah, wie der Priester seine geweihten Hände helfend einsetzte. Er verschenkte Brot, sogar Weihnachtsgebäck, teilte Speisen und Getränke aus, verband Wunden, tröstete Verzweifelte, segnete Verstorbene. Er legte Hand an, wo er nur konnte, wo Not und Leid am größten waren.

Mit gesenktem Haupt zog sich der Misstrauische zurück. In der Sitzung am nächsten Tag umringten ihn die Skeptiker, Zweifler und Spötter mit neugierigen Augen und fragten: »Was hast du gesehen?«

Der Vorsitzende sagte mit ruhiger Stimme: »Ja, unser Pfarrer ist Jesus wirklich begegnet! In seinen Brüdern und Schwestern als Weihnachtsmann, hat Hungrigen und Durstigen, Verwundeten und Verzweifelten geholfen – zig Mal an einem Morgen. Er ist auf den Spuren des Neugeborenen gewandelt, hat Weihnachten gelebt.«

42 *Der Weihnachtsengel*

Die Festtage sind vorüber. Herr Baumann und seine drei Kinder räumen auf. Der Weihnachtsschmuck muss verstaut werden. Liebevoll legen die fleißigen Helfer die bunten Kugeln, die kleinen und großen Strohsterne und die holzgeschnitzten Figuren in die bereitgestellten Schachteln. Mühsamer und aufwendiger ist der Abbau der Krippe. Die handbemalten Tonfiguren müssen einzeln in Papier eingeschlagen und dann vorsichtig in den dafür vorgesehenen Korb gelegt werden. Nach zwei Stunden ist alles verpackt. Nicht alles, ein Engel aus Holz steht noch einsam und verlassen herum. Nicht vergessen worden!

Herr Baumann hat ihn sich aufgehoben. Er stellt ihn in die Vitrine, damit dieser ihn das ganze Jahr an seinen Vorsatz erinnert, »viele gute Taten zu verrichten«. Die erste Gelegenheit hat er am nächsten Samstag.

Er hat mit seiner Frau den Wochenendeinkauf erledigt. Ein Großeinkauf für seine große Familie. Beim Verlassen des Kaufhauses stellt er fest, dass die Kassiererin ihm zehn Euro zu viel herausgegeben hat. »Ich geh zurück!«, sagt er zu seiner Frau, »um ihren Irrtum auszubügeln.« Seine Frau wehrt ab: »Bleib! Das Unternehmen geht an einem solch lächerlichen Betrag nicht pleite.«

»Darum geht es doch nicht. Die Arme muss für den Verlust geradestehen«, erwidert er und eilt davon. Er denkt, Ehrlichkeit macht das Zusammenleben leichter.

Ein ähnliches Erlebnis hat er einige Zeit später. Er sitzt auf einer Parkbank und genießt seine Mittagspause in den ersten Frühlingsstrahlen der jetzt immer wärmer werdenden Sonne. Eine alte Frau schlurft an ihm vorbei, gestützt auf einen Krückstock. Sie trägt ihre Jacke wegen der Wärme offen. Die Taschenzipfel schlenkern hin und her. Dabei rutscht ihr Portmonee heraus. Er sieht es, steht auf, denkt an seinen Engel und reicht ihr ohne zu zögern die verlorene Geldbörse. Er sagt sich: »Ein gutes Gewissen ist ein sanftes Ruhekissen.«

Ende April fährt er mit der Straßenbahn zur Arbeit, denn sein Auto ist in der Werkstatt. Am Einstieg steht ein junges Mädchen. Sie ist sehr dünn, fast hager. »Ob sie an Bulimie leidet?«, fragt er sich. Dann sieht er, wie sie mit heißhungrigen Blicken auf das belegte Brötchen starrt, das ein junger Mann, in der Reihe vor ihr sitzend, genüsslich verspeist. Herr Baumann fasst den Entschluss, ein Engel zu sein. Er steht auf, geht auf sie zu und fragt: »Darf ich Sie zu einem Frühstück einladen, gleich hier um die Ecke?« Sie ist überrascht, schaut verwundert und stimmt dann mit strahlenden Augen zu.

In dem Urlaub mit seiner Familie passiert dies: Sie verbringen ihre Ferien am Strand von Agadir in Marokko. Bei einem Ausflug nach Marrakesch sehen sie viele ausgehungerte Bettler am Straßenrand. Einer streckt ihnen seine knochigen Finger entgegen. Herr Baumann legt ein paar Münzen auf die dürre Handfläche. Sein Sohn protestiert, regt sich auf: »Wenn du jedem Bettler, an dem wir vorbeikommen, Almosen gibst, ist unsere Urlaubskasse bald leer.« Der Vater lächelt selig: »Hast du nicht gesehen, wie glücklich er war?«

Nach dem Urlaub ist erst das halbe Jahr vorbei. Er sitzt wieder einmal vor seinem Weihnachtsengel. Es scheint ihm, als würde er zu ihm sprechen: »Gut gemacht, mein irdischer Engel! Du hast dich in jeder Situation vorbildlich verhalten. In der zweiten Hälfte des Jahres solltest du dich stärker auf den grauen Alltag konzentrieren, versuchen, ihn besser zu meistern: Schenke deinen Kindern mehr Zeit! Hilf deiner Frau öfter bei der Hausarbeit! Wechsle mit deinem Nachbarn viele freundliche Worte! Besuche wieder regelmäßig deine alten Eltern!« Er lächelt gütig und meint dann: »Ich weiß, dir werden noch viel mehr Dinge einfallen, mit denen du deinen Mitmenschen eine Freude bereiten kannst.«

43 *Gott erhört dein Gebet*

Amerika ist das Land der unbegrenzten Möglichkeiten, sagt man. Einige haben es tatsächlich geschafft, vom Tellerwäscher zum Millionär aufzusteigen. Aber nur wenige! Viele nicht, sind auf der Strecke geblieben in diesem so reichen Land, leben in bitterer Armut.

Dieses Jahr ist der Winter in Chicago besonders kalt, klirrend. Die Menschen eilen mit warmen Wollmützen, dicken Mänteln und hochgeschlagenen Kragen, ihre Finger tief in den Taschen vergraben, durch die Straßen der Stadt. Jeder will so schnell wie möglich nach Hause, sich ins Warme flüchten.

Nur ein Junge steht einen Tag vor Heiligabend mit einem dünnen, durchlöcherten Pullover, einer verschlissenen, kaputten Hose und ausgetretenen Schuhen vor dem Schaufenster eines Bekleidungsgeschäftes und starrt auf die Ausstellungsstücke, als sich plötzlich eine Hand auf seine Schulter legt und eine sanfte Stimme ihn fragt: »Frierst du denn gar nicht?«

»Oh doch«, antwortet der Junge, »sehr sogar!«

»Und warum bist du denn nicht daheim?«

»Ich kann nicht den ganzen Tag zu Hause sitzen«, erwidert das Kind, »ich habe hier vor dem Laden zum Christkind gebetet, es angebettelt um ein paar warme Sachen.«

»Na, dann komm mal mit!«, fordert ihn die ältere Dame auf. Sie betreten das Geschäft mit exklusiver Bekleidung. Die Kunden gehen dem ungleichen Paar pikiert aus dem Weg. Die Angestellten schauen entsetzt hinter ihnen her.

Die Frau bittet einen Verkäufer, für den »jungen Mann« eine komplette Winterbekleidung herbeizuschaffen. »Alles, aber auch alles, was dazu gehört: einen wärmenden Pullover, dazu ein schickes Hemd und eine fesche Hose, vor allem feste Schuhe, eine Wollmütze und eine dicke Jacke«, verlangt sie und kleidet den Jungen von Kopf bis Fuß komplett neu ein. »Das alte Zeug lassen wir hier«, sagt sie, »wenn du einverstanden bist!« Der Junge nickt, bringt vor Staunen kein Wort heraus.

»Mützen und Pullover, die zweite Hose, ein weiteres Hemd und noch ein Paar Schuhe lasse ich dir einpacken. Nimm bitte alles mit nach Hause! Es ist mein Weihnachtsgeschenk für dich.« Dann lächelt sie und meint: »Das Christkind hat dein Gebet gehört. Glaube ich!«

Erst vor der Tür findet der vor Überraschung Sprachlose seine Worte wieder. Ihm ist klar, die Lady kann nicht der Weihnachtsmann sein. Darum stellt er ihr die Frage: »Bist du die Frau vom lieben Gott?«

Was der Beschenkte nicht weiß, die großherzige Dame hat keine eigenen Kinder und spendet jedes Jahr zu diesem Hochfest irgendeinem Waisenhaus der Stadt oder der Umgebung eine stattliche Summe. Darum kam ihr die Begegnung mit diesem Jungen gerade recht, konnte sie doch so einem Kind einmal eine persönliche Freude machen und in dessen strahlende Augen sehen, Weihnachtsfreude empfinden. Vielleicht dachte sie an die Worte des Dichters Dante: »Drei Dinge sind uns aus dem Paradies geblieben, die Sterne der Nacht, die Blumen des Tages und die Augen der Kinder.« Ihr Strahlen ist in der Weihnachtszeit besonders schön.

44 *Geboren, um uns zu begegnen*

Christa Weber lebt in einer Großstadt, in der weit über zweihunderttausend Menschen wohnen, in einem Hochhaus in der fünften Etage. Sie und ihre Mitbewohner benutzen fast ausschließlich den Fahrstuhl, der bisher immer funktionierte. Gott sei Dank! Anders könnten ihre älteren Nachbarn und sie ihre täglichen Besorgungen gar nicht erledigen. Das Treppenhaus ist für die meisten Mitbewohner, auch für sie, nicht angesagt, denn das Treppensteigen fällt ihnen doch sehr schwer.

Das Gefühl von Verlorenheit, Isolation und Anonymität ist Untermieter in fast jeder ihrer Wohnungen, weil das Leben der Mitmenschen in der Großstadt von Hektik und Ruhelosigkeit bestimmt ist. Zeit für ein Miteinander fehlt. Selbst Kinder und Enkelkinder haben keine für Besuche oder nehmen sie sich nicht, frühere Freunde oder Bekannte sind nach und nach verstorben.

Jeder Weg zum Supermarkt ist ein Gang vorbei an Betonbauten und Hochhäusern, erdrückenden Gebäuden und verfallenen Ruinen, dunkel verglasten Fassaden und Graffiti beschmierten Wänden, auch ein Gang durch Abgasschwaden und Abfallgerüche. Unrat ist überall: Auf den Gehwegen liegen Zigarettenstummel, auf dem Bürgersteig festgetretene Kaugummis und an den Hausecken weggeworfene Verpackungen. Die Großstadt ist zudem gezeichnet von Lärm und Staub.

Christa sitzt am Küchenfenster und schaut hinaus auf die Hochhausfassade gegenüber. Sie denkt an den Spruch des Tages: »Wir sind in die Welt gekommen, um uns zu begegnen.«

Es ist kurz vor Weihnachten, eine Zeit des Begegnens, des Miteinanders, des Füreinanderdaseins. Entschlossen greift sie zum Hörer und bestellt bei einem Unternehmen einen Kleinbus. »Für wie viele Personen?«, will die Frau am anderen Ende wissen. Christa zuckt die Schultern. Sie fragt: »Welches ist Ihr kleinstes Transportmittel?«

»Ein Zwanziger«, antwortet die Sekretärin. »Gut, den nehme ich«, erwidert Christa. Sie sprechen noch das Übliche ab, den Preis, vor allem den Termin. Sie wählt einen zwischen den Festtagen, an denen sind die meisten ihrer Altersgenossinnen und -genossen allein daheim, vermutet sie und überlegt: »Wenn ich den Bus nicht voll bekomme, habe ich eine Menge Kosten am Hals.« Sie lächelt dabei, fast ein wenig zufrieden, denn sie ist zuversichtlich. Noch zur gleichen Stunde fertigt sie einen Aushang für das Schwarze Brett am Hauseingang an. Sie weist darauf hin, dass es keine Kaffeefahrt ist, sondern ein Ausflug der Begegnung, des Kennenlernens, des Miteinanders, passend zur Weihnachtszeit. Sie denkt in erster Linie an die Mitbewohner ihres Hauses, die sich nur selten, vielleicht mal im Fahrstuhl treffen. Betont in ihrem Schreiben aber, dass auch Freunde und Verwandte teilnehmen dürfen. Der Bus muss auf jeden Fall voll werden. Noch am gleichen Abend steht das Telefon nicht still. Auch in den folgenden Tagen bekommt sie zahlreiche Anmeldungen, sie hätte dreimal so viele Interessenten mitnehmen können.

Alle genießen die Fahrt, schlendern glückselig in kleinen Gruppen über den Soester Weihnachtsmarkt, treffen die eine oder die andere an den verschiedenen Ständen. Essen mit ihnen eine leckere Bratwurst oder trinken einen heißen Glühwein. Alle versammeln sich zur verabredeten Zeit vor der St.-Petri-Kirche, um die großartige Krippe zu bewundern, besuchen dann den St.-Patrokli-Dom, um gemeinsam vor dem Kind das Vaterunser zu sprechen. Jeder hat danach viel Zeit, seine Bitten, Wünsche und Gedanken dem himmlischen Vater vorzutragen. Auf der Rückfahrt herrscht zunächst eine besinnliche Ruhe. Dann aber stimmt jemand »O du fröhliche« an und alle singen mit.

Am Abend lehnt sich Christa Weber in ihrem Sessel zufrieden zurück. Sie nimmt sich vor, diese Aktion zu wiederholen, nicht nur zur Weihnachtszeit. Jetzt ist sie fest davon überzeugt, wir sind in der Tat geboren, um uns zu begegnen. Wir müssen nur etwas dafür tun.

45 *Das hässliche Bäumchen*

Die Luft ist nasskalt, der Himmel grauverhangen. Die Menschen eilen durch Pfützen, schleppen ihre Weihnachtseinkäufe zu den Tiefgaragen. Einige Nachzügler kaufen noch Tannenbäume, die ein vor Kälte zitternder Mann auf dem Rathausplatz anbietet.

»Mein Gott, ist die hässlich«, sagt ein kräftiger Bursche und schiebt eine kleine Tanne beiseite, deren Äste kreuz und quer gewachsen sind. Das Bäumchen schämt sich bis in die Nadelspitzen.

»Die anderen Bäume werden heute Abend in

warmen Stuben stehen und im Lichterglanz erstrahlen«, denkt die kleine Tanne, »ich werde im Dunklen hocken. Man wird mich auf den Müll werfen oder im Ofen verbrennen.«

Das Bäumchen lässt traurig die Zweige hängen und sieht nun noch hässlicher aus.

Als die Lichter in den Kaufhäusern erlöschen und die großen Glastüren schließen, hat auch der Mann seine Bäume verkauft, nur die kleine Tanne liegt noch auf der nassen Erde. Niemand will sie haben. Er zieht seine schmutzigen Handschuhe aus, wirft sie auf den Wagen, räumt Bindfaden und Schere ein und gibt der kleinen Tanne einen Tritt, sodass sie in die Gosse rollt. Ohne sich umzuschauen, fährt er davon.

Das Bäumchen friert auf dem feuchten Asphalt und sieht durch die Fenster in die Stuben, in denen weihnachtlich geschmückte Tannenbäume stehen.

»Weihnachten ist das Fest der Liebe«, denkt es traurig.

Plötzlich hört es eine Stimme. »Lass uns den kleinen Baum mitnehmen, Vati, bitte«, bettelt ein dunkelhaariges Mädchen mit großen, braunen Augen. Das Mädchen zieht an seinem Kopftuch und schaut seinen Vater fragend an. Der kleine Tannenbaum horcht und hofft.

»Nein«, antwortet der Mann barsch, »wir Muslime feiern nicht Weihnachten«, und zieht am Arm seiner Tochter. Er will fort. »Alle Kinder meiner Klasse feiern Weihnachten«, protestiert das Kind und rührt sich nicht von der Stelle. »Wir können doch auch einen Baum aufstellen.«

Der Mann zerrt das Kind, das nicht mitgehen will, heftiger. Dann hält er inne, ergreift unwirsch die kleine Tanne, damit seine Tochter ihm endlich folgt.

»Mutter, Cihan und Mohammed werden sich freuen«, denkt das Mädchen und schaut glücklich auf den kleinen Baum, der vor Freude bebt. Im Hauseingang begegnet den Heimkehrenden die Nachbarin, Frau Lindner. Sie staunt über den Weihnachtsbaum unter Herrn Ümrans Arm.

Cihan und Mohammed klatschen vor Freude in die Hände, als sie das kleine Bäumchen sehen. Mutter Ümran macht sich daran, die Tanne aufzustellen. Das ist gar nicht so einfach ohne Ständer. Plötzlich klingelt es an der Tür. Herr Ümran öffnet.

»Entschuldigen Sie«, sagt Frau Lindner, »Sie werden einen Ständer benötigen und Kerzen und Kugeln zum Schmücken.«

»Er fällt immer um!«, ruft Ali aus dem Wohnzimmer.

»Kann ich Ihnen helfen?«, fragt Frau Lindner.

Herr Ümran nickt. Die hilfsbereite Nachbarin stellt fachmännisch den Baum auf, schmückt ihn mit Kindeseifer.

»Es ist schön, im Warmen zu stehen und die Menschen zu erfreuen«, denkt dankbar die kleine Tanne und streckt ihre Zweige weit aus.

»Wollen Sie mit uns essen?«, fragt Herr Ümran. »Meine Frau hat Reis mit Rindfleisch gekocht, mit viel Knoblauch!«

Frau Lindner lächelt: »Ich hole die Ente, die ich aufgesetzt habe.«

Ehe die anderen antworten können, ist die Nachbarin verschwunden. Minuten später steht sie wieder vor der Tür und hält einen großen Bräter in ihren Händen.

»Wohl bekomm's«, sagt sie und stellt ihn mitten auf den Esstisch. Sie hebt den Deckel und der Geruch von knuspriger Ente zieht durch den Raum, vermischt sich wenig später mit dem Duft von gebratenem Rindfleisch. Als alle essen, summt Frau Lindner leise.

46 *Annehmen*

Anneliese Becker arbeitet als Kassiererin in einem Supermarkt. Sie liebt ihren Beruf sehr. Denn er erlaubt ihr, unter Menschen zu sein. Frau Becker ist Witwe, Kinder hat sie nicht.

Sie hasst Sonn- und Feiertage. An diesen Tagen spürt sie ihre Einsamkeit. Sonntags geht sie nie auf die Straße, noch spaziert sie durch den Wald. Sie glaubt, man sähe ihr das Alleinsein an, so wie man an einer Aussätzigen die Krankheit sieht.

Ein einziges Mal besuchte Frau Becker an einem Sonntag ein Restaurant. Um sie herum haben Menschen geschwatzt und gelacht, über das Essen und die Dinge des Lebens geplaudert. Frau Becker saß in ihrer Ecke und schämte sich ihres Alleinseins. Sie glaubte, mitleidige Blicke zu spüren. Am liebsten hätte sie das Lokal sofort wieder verlassen. Aber sie hatte ihre Bestellung schon aufgegeben.

Während der Arbeit fühlt Anneliese Becker diese Einsamkeit nicht. Da ist sie unter Menschen, wechselt mit den Kollegen freundliche Worte, gönnt diesem oder jenem Kunden ein Lächeln, nimmt sich besonders morgens Zeit, das Gekaufte schon einmal zu bewundern; selbst in der Hektik der Abendstunden schenkt sie den Käufern ein freundliches Wort.

In der Weihnachtszeit aber geht Anneliese Becker nicht gern zur Arbeit. Da dröhnt aus den Lautsprechern den ganzen Tag Weihnachtsmusik, am häufigsten »O du fröhliche ...«, auch wenn die Kunden mit verbitterten Gesichtern durch das Warenhaus eilen oder »Leise rieselt der Schnee ...«, auch wenn es draußen Bindfäden regnet.

Ihre Abneigung gegen die Feiertage wird in dieser Zeit noch verstärkt, weil die ständige Berieselung durch die Musik Anneliese Becker jegliche Freude an Weihnachten genommen hat. Dauermusik, Kassengeklimper, Weihnachtsrummel lassen keine besinnliche Stimmung in ihr aufkommen.

Einen kleinen Ausweg hat sie aber doch gefunden. Auf dem Heimweg von der Arbeit betritt sie häufig die Christuskirche. Hier nimmt sie Platz, befreit sich von der Mühe des Tages, tankt auf im Gebet. Erst dann schließt sie sich in ihrer Drei-Zimmer-Wohnung ein, wo sie sofort den Fernseher einschaltet. Nachrichtensprecher, Showmaster oder Serienhelden sind ihr vertrauter als ihre Nachbarn.

Wenige Tage vor Heiligabend verlässt Anneliese Becker etwas früher als sonst das Kaufhaus, geht zur Kirche und betritt das Halbdunkel des Gotteshauses. Sie verweilt einige Augenblicke in der hinteren Bank im stillen Gebet, dann begibt sie sich zur Krippe, die heute aufgestellt wurde. Sie sieht den Stall, in dem das Licht der Welt liegt.

»Es ist ein anderes Licht«, denkt sie, »als das der Neonleuchten in den Kaufhäusern oder das der Lichterketten an den Weihnachtsbäumen. Es ist das Licht, das Kälte und Einsamkeit durchbricht.«

Anneliese Becker, so in Gedanken vertieft, bemerkt nicht, dass eine Frau, die sie beim Eintreten übersehen hatte, durch den Mittelgang zu ihr kommt. Erst als die Fremde neben ihr steht, erkennt sie ihre Nachbarin. Diese betrachtet eine

Weile die Figuren der Krippe, die Eltern mit ihrem Kind, die Hirten mit ihren Schafen, dann sagt sie zu Frau Becker: »Ich finde diese Krippe immer wieder schön. Ich staunte schon als Kind über sie; früher wie heute betrachte ich sie mit den gleichen leuchtenden Augen. Sobald sie aufgebaut ist, sitze ich hier Abend für Abend und vergesse für kurze Zeit mein Alleinsein.«

Frau Becker schaut die Nachbarin an, dann sagt sie betont langsam und es klingt wie ein Versprechen: »Ich werde auch jeden Abend kommen.«

47 *Menschlichkeit als Brücke*

Maria ist alleinerziehende Mutter und Hartz-IV-Empfängerin. Sie hat drei Töchter: Emma, Johanna und Nora. Die Älteste geht in die Grundschule, die beiden Jüngeren besuchen gemeinsam den Kindergarten. Das Geld, das die Mutter vom Staat bekommt, reicht nur für das Nötigste, für Essen, Kleidung, Miete und sonstige Kosten. Große Sprünge kann die Familie nicht machen. Um ihren Kindern etwas mehr zu bieten, wie kleine Geschenke, bescheidene Einladungen, die Mitgliedschaft in einem Sportverein, arbeitet sie vormittags, wenn ihre Kinder versorgt sind. Sie hat drei Putzstellen, montags und mittwochs die Räume einer Firma, dienstags und donnerstags die eines großen Anwaltsbüros und freitags privat bei Frau Sonneborn. Diese ist Witwe, wohnt allein in einer großen Villa, mutterseelenallein, ist menschenscheu und penibel. Sie zahlt gut, darum hat Maria sie ausgewählt. Ein weiterer Kontakt besteht über das Arbeitsverhältnis hinaus nicht. Maria weiß nicht einmal, ob der ehemaligen Unternehmerin bekannt ist, dass sie drei Kinder versorgen muss.

Die Räume, die sie in vier Stunden reinigen soll, sind groß und vollgestellt mit lauter Nippes. Jedes Teil aber muss sie einzeln in die Hand nehmen und abstauben. Nur in größter Eile ist das zu schaffen. In dieser Hektik geschieht ein Malheur. Eine Vase entgleitet ihren Händen, fällt zu Boden und zerbricht in tausend Stücke. Eine sehr kostbare Vase.

Maria ist eine ehrliche und aufrichtige Frau. Als Frau Sonneborn nach Hause kommt, gesteht sie ohne Umschweife das Missgeschick. Sie erklärt ihrer Chefin, dass sie nicht in der Lage sei, sie finanziell zu entschädigen. Zum ersten Mal erzählt sie von ihren drei Kindern, die sie allein aufzieht, von ihrem Mann, der bei einem Autounfall ums Leben kam. Sie hatten sich selbstständig gemacht, Rücklagen noch nicht gebildet.

»Ich möchte Ihnen einen Vorschlag machen«, sagt sie geradeheraus, »wie ich den entstandenen Schaden wenigstens zum Teil wiedergutmachen kann. Ich werde ein Jahr lang ohne Bezahlung für Sie putzen, zudem eine weitere Stunde Ihren Garten pflegen.«

Frau Sonneborn, eine gute und kluge Geschäftsfrau, weiß, dass der Vorschlag für ihre Putzfrau zwar ein bitterer, aber ihr einziger Weg ist, sich zu revanchieren. Sie nimmt an. Maria ist dankbar, bleibt fortan eine Stunde länger und bearbeitet den Garten mit viel Liebe. Sie registriert, dass ihre Arbeitgeberin sie dabei wohlwollend beobachtet.

An ihrem letzten Arbeitstag vor Weihnachten bittet Frau Sonneborn sie in ihr Arbeitszimmer. Sie sagt, was sie früher noch nie getan hatte: »Ich möchte Ihnen und Ihren Kindern gesegnete Weihnachten wünschen.« Dann überreicht sie ihr einen Umschlag mit den Worten: »Ein kleines Geschenk für Sie und die Ihren. Öffnen Sie es erst zu Hause zusammen mit Ihren Kindern!«

In dem Kuvert steckt der Lohn für das ganze Jahr, samt der zusätzlichen Stunden für die Gartenarbeit.

Glückseliges Planen beginnt. Die Familie kann sich überraschend lang gehegte Wünsche und Träume erfüllen. Plötzlich meldet sich Emma zu Wort: »Mama«, sagt sie, »du tust so viel für uns. Du bist die beste Mutter der Welt. Wir haben dich lieb, so lieb. Ich wollte dir zu Weihnachten etwas Besonderes schenken, habe in der Schule eine Vase aus Ton getöpfert und selbst bemalt. Mein Weihnachtsgeschenk für dich. Sollen wir es Frau Sonneborn geben, ihr auch eine Freude machen, als Dankeschön für ihre Großzügigkeit?«

»Ja, ja!«, ruft Nora, die Jüngste. Wie selbstverständlich fügt sie hinzu: »Wir laden sie ein, mit uns Weihnachten zu feiern. Sie ist bestimmt ganz allein in ihrem großen Haus.« Alle sind einverstanden, regelrecht begeistert. Spontan eilen sie zum Auto und die Mutter bringt die Drei zum großen eisernen Tor vor der Villa.

Wie die Heiligen Drei Könige gehen die Mädchen mit der selbst gestalteten Vase, in der ein geschmückter Tannenzweig steckt, zur Haustür.

Als sie zurückkommen, rufen sie schon von Weitem: »Sie feiert Weihnachten mit uns!«

48 *Hilfe in großer Not*

Jeder Umzug kostet Nerven, dazu Anstrengungen, Kraft und Mühen. Aber wir haben es geschafft, haben noch vor Weihnachten unsere neue Wohnung bezogen. Wir, das sind mein Mann und ich nebst unseren beiden Kindern. Jeder hat angefasst, gepackt und geschleppt, aus- und eingeräumt.

Unter uns wohnt jetzt ein junges Ehepaar, das ich aber noch nie zu Gesicht bekommen habe, weil beide berufstätig sind. Über uns eine ältere Frau, eine sehr vornehme Dame mit ihrem gebrechlichen Ehemann, den ich darum auch noch nicht gesehen habe.

Sie schon! Hat mich auch gleich mit einer Rüge begrüßt. Ich müsste die Treppe stets sauber halten. Ich denke: »Weiß ich selbst! Eine Treppe, die umzugsbedingt viel benutzt wird, bekommt schon mal etwas Schmutz ab. Man kann nicht jeden Fleck gleich wegwischen. Dann würde man mit dem Umzug nie fertig werden, das müsste der Gnädigsten doch auch klar sein.« Ich habe den Tadel zur Kenntnis genommen, abgehakt, ohne mich auf einen Disput einzulassen.

Ihre weiteren Begrüßungen im Treppenhaus waren stets hochnäsig, frostig, von oben herab. Sie ließ mich spüren, dass sie etwas Besseres ist. Ihnen gehört ihre Wohnung. Wir sind nur Mieter.

Und dann das! Mein Mann und die Kinder hatten den Baum aufgestellt und festlich geschmückt. Unter den Zweigen lagen die liebevoll eingepackten Geschenke. Erst wollten wir essen, dann zur Bescherung und zum gemütlichen Zusammensein übergehen. Ich hatte es in all der Hektik doch noch geschafft, für unser Fondue einzukaufen. An alles gedacht, glaubte ich. Fleisch, Fisch und Gemüse vorbereitet, den Tisch festlich gedeckt.

Dann der Schreck, der durch Mark und Bein ging: die Brennpaste fehlte. Ratlosigkeit breitete sich aus. Die Belohnung für unsere Anstrengungen musste ausfallen. Das Festtagsessen konnte nicht stattfinden. Einen Ausweg sah ich nicht. Die Geschäfte waren längst geschlossen. Die Mieter unter uns nicht zu Hause.

Die einzige Möglichkeit: Ich durfte nicht einmal daran denken. Nicht im Entferntesten in Erwägung ziehen! Die vornehme Dame anpumpen, sie fragen, ob sie mir aushelfen kann. Nie und nimmer! Alles in mir sträubte sich dagegen. Ich dachte an ihr unfreundliches Verhalten wegen ein wenig Schmutz auf den Stufen, ihr ständiges Gemecker mit den Kindern, ihre steten Ermahnungen, sich ruhig zu verhalten.

Nein, nein und nochmals nein! Zumal ich mir sicher war, sie würde sich meine Bitte nicht einmal anhören. Bestimmt nicht! Wahrscheinlich müsste ich mir von ihr sagen lassen, ich sollte gefälligst meine Gedanken beieinanderhaben. Ihr wäre so etwas nicht passiert. Das wollte ich mir nicht antun. Beileibe nicht!

Bei dem Gedanken, ihr zu sagen, behalten Sie doch Ihre blöde Paste, klingelte es. Ich ging zur Tür. Vor mir stand die Hochnäsige und sagte unterwürfig bittend: »Entschuldigen Sie die Störung. Aber haben Sie etwas Brennpaste für mich? Ich habe fürs Fondue gedeckt und festgestellt, dass das Wichtigste fehlt.«

Ich konnte nicht an mich halten und brach in schallendes Gelächter aus. Die Nachbarin sah mich fassungslos an.

»Kommen Sie bitte mit!«, bat ich sie. Sie folgte mir ins Wohnzimmer und ich zeigte ihr den gedeckten Tisch.

»Wissen Sie, was ich vergessen habe: die Brennpaste.« Ein Schmunzeln lag in ihrem Gesicht.

»Und nun?«, fragte mein Mann.

Mein Sohn wusste Rat, vielleicht kam sein Vorschlag sogar aus tiefstem Herzen. Er verkürzte nämlich die nervige Wartezeit auf das Geschenkeauspacken: »Wir machen die Bescherung jetzt und essen uns dann an den leckeren Plätzchen, dem frischen Stollen und anderen süßen Köstlichkeiten satt. Für Papa finden wir sicherlich ein Bockwürstchen und statt Kartoffelsalat isst er eben ein Butterbrot dazu.«

»Oh ja«, jubelte meine Tochter, »das Fondue verschieben wir auf morgen, dann werden wir bestimmt Brennpaste irgendwo bekommen.« Sie sah die feine Dame an und sagte: »Warten Sie einen Moment!«

Sie rannte in ihr Kinderzimmer. Nur wenig später erschien sie mit ihrem Weihnachtsteller, auf dem Zimtsterne, Lebkuchenherzen und Marzipankugeln lagen, aber auch Printen und Nüsse.

»Für Sie!«, sagte sie zu der Wohlhabenden, »so können Sie sich mit Ihrem Mann auch einen schönen Heiligabend machen. Wie wir! Die Brennpaste bringen wir morgen. Vielleicht!«

Zu meinem Erstaunen griff die vornehme Dame lächelnd nach dem Geschenk, bedankte sich überaus herzlich und sagte mit freundlicher, warmer Stimme: »Na, dann bis morgen. Hoffentlich!«

Während sie ging, rief meine Tochter ihr noch nach: »Den Pappteller dürfen Sie behalten.«

49 *Außer man tut es*

Erich Kästner hat einmal gesagt: »Es gibt nichts Gutes, außer man tut es.« In der Vorweihnachtszeit ist die Bereitschaft der Menschen, Gutes zu tun, besonders groß. Der Drang, anderen mit einem Obolus zu helfen, enorm. Die zahlreichen Spendenaktionen der Kirchen, der Fernsehsender oder anderer Einrichtungen sind der beste Beweis dafür. Aber auch im zwischenmenschlichen Bereich sind in dieser Zeit Hilfe, Anteilnahme und gegenseitiges Aufeinanderzugehen ausgeprägter als sonst.

Man könnte meinen, die Paketzusteller oder Postboten, die gerade jetzt besonders viel Arbeit haben, sind davon ausgenommen. Mischa wird eines Besseren belehrt. Wenige Tage vor dem schönsten Fest der Christenheit findet er in seinem Briefkasten eine kurze Notiz: *Ich habe Sie nicht angetroffen und darum Ihr Paket bei der Nachbarin abgegeben.*

Der Student wundert sich, denn er war den ganzen Tag zu Hause und hat für sein Examen gebüffelt. Sagt sich, dann werde ich die Klingel wohl überhört haben. Er kennt die junge Frau von nebenan vom Sehen her. Sie grüßt im Treppenhaus immer freundlich, aber er hat noch nicht gewagt, sie anzusprechen.

Am Nachmittag klingelt er bei ihr.

»Entschuldigen Sie die Störung«, murmelt er sichtlich verlegen, »der Postbote hat ein Paket für mich bei Ihnen abgegeben.«

»Ja, richtig, er war heute Morgen da. Ich hole es Ihnen.« Er wartet. Kurze Zeit später schleppt sie die Lieferung an.

»Schwer, sehr schwer!«, stöhnt sie.

»Es sind ein paar kleine Hanteln und andere Sportartikel darin. Ich möchte sie meinem Vater zu Weihnachten schenken, damit er sich mehr bewegt.«

Sie lächelt. Er erklärt: »In seinem Alter sollten die Menschen viel Gymnastik treiben.«

»Wie alt ist er denn?«

»Er wird im Sommer achtzig.«

»Da haben Sie recht!«

Er sieht an ihr vorbei, zieht die Nasenflügel hoch und stellt fest: »Es riecht gut. «

»Finden Sie? Ich habe Plätzchen und Kuchen gebacken. Die bringe ich Heiligabend zu meinen Eltern.« Sie schmunzelt freundlich: »Weihnachten feiern wir alle zusammen. Meine Brüder und meine Schwester. Jeder bringt etwas zu essen mit, damit meine Mutter nicht die ganze Arbeit hat. Das ist immer sehr schön.«

Sie stutzt plötzlich und sagt: »Warten Sie! Ich hole Ihnen ein paar. Ich habe mehr als genug.« Sein ›Ist-doch-nicht-nötig‹ hört sie schon nicht mehr auf dem Weg in ihre Küche.

»Bitte, nehmen Sie und lassen Sie es sich schmecken!« Während er den Teller greift, fragt er schüchtern: »Sie haben sich so viel Mühe gemacht, mit dem Paket, mit dem Backen, darf ich Sie zu einem Glühwein auf dem Weihnachtsmarkt einladen?« Sie zögert nicht einen Augenblick und antwortet: »Ja, gern!« Es scheint ihm, als freue sie sich.

Am Sonntagnachmittag spazieren beide los. An einem Stand des Fördervereins der Pestalozzi-Schule, an der Kinder mit Behinderung unterrichtet werden, bleiben sie stehen. Dort werden Glühwein und Waffeln verkauft. Eine junge Frau und ein älterer Herr bedienen sie. Der Senior zeigt auf seine Mitstreiterin und sagt: »Das ist meine Tochter. Sie ist Lehrerin an dieser Schule, für die wir etwas Geld mit dem Verkauf zusammen bekommen wollen. Ich helfe ihr.« Trotz roter Zipfelmütze und weißem Bart erkennt Mischa sofort den Postboten. Als dieser zwei Glühwein mit Schuss vor sie hinstellt, wünscht er ihnen: »Lassen Sie sich diesen und noch viele mehr schmecken!« Dabei zwinkert er einem Glücklichen zu. Nein, zweien!

Es gibt wirklich nichts Gutes, außer man tut es.

50 *Engel gibt es*

Weihnachten 2020. Die Familie Graf hat sich um den Adventskranz, auf dem drei dicke rote Kerzen brennen, versammelt und hält eine Dämmerstunde ab. Man plaudert über das bevorstehende Fest, über das Festmahl, was sich der eine oder andere wünscht und auch über das Weihnachtsevangelium und die Engel, die den Hirten die frohe Botschaft von der Geburt des Erlösers verkündeten.

Plötzlich sagt Daniel, der jüngere der beiden Söhne: »Engel gibt es gar nicht, auch das Christkind und den Weihnachtsmann nicht.«

Es herrscht einen Moment tiefes Schweigen in dem halbdunklen Raum. Dann sagt Vater Graf mit überzeugter Stimme: »Oh doch! Ich habe sogar mehrere gesehen.« Jan, der Ältere, fragt verwundert: »Du hast Engel gesehen?«

»Ja, und erlebt! Erinnert euch an den letzten Februar, als ich von einer Geschäftsreise aus Asien zurückgekommen bin. Ich durfte nicht nach Hause, musste gleich in Quarantäne, weil ich mit dem Corona-Virus infiziert war. Schwer betroffen von dieser Krankheit kämpften die Ärzte um mein Leben, die Pfleger taten ihr Bestes, die Schwestern arbeiteten an ihrem Limit. Das hört sich in den Nachrichten immer so harmlos an. Aber wenn man es selbst erlebt hat, weiß man, was sie geleistet haben.«

Er macht eine Pause, schaut einen Moment in die flackernden Kerzen. Dann fährt er fort: »Ich war nicht der Einzige, der schwerkrank danieder lag. Alle notwenigen Behandlungen mussten an den Patienten mehrfach am Tag vorgenommen werden. Das Personal hatte an einigen Tagen nicht einmal eine kurze Verschnaufpause für ein Butterbrot, für einen Schluck Wasser, ja nicht einmal für den Gang zur Toilette. Und die erforderlichen Maßnahmen waren Knochenarbeit. Ich möchte sie nicht im Einzelnen aufzählen, um uns nicht die adventliche Stimmung zu verderben.«

Alle sind still geworden, als sie den Vater mit dankbarer Stimme sagen hören: »Engel haben mir das Leben gerettet.«

Nach einer Weile fragt Jan seinen kleinen Bruder: »Dann ist unsere Nachbarin Frau Gerland auch ein Engel, oder? Sie kümmert sich aufopferungsvoll als alleinerziehende Mutter um ihre drei Kinder, versorgt den Haushalt, hilft bei den Schularbeiten, geht vier Mal in der Woche putzen, um zu ihrer Stütze noch etwas hinzuzuverdienen, damit nicht sie, aber ihre Kinder sich etwas leisten können.«

»Ich glaube«, meint die Mutter, »dein Bruder will dir sagen, sie ist eine Heldin des Alltags, ein Engel für ihre Kinder.«

Alle sind sehr nachdenklich geworden ob dieses vorweihnachtlichen Gedankenaustausches, da berichtet die Mutter: »Meine französische Freundin Marie hat mir schon vor Jahren von einem Engel erzählt, den sie leibhaftig gespürt und erlebt hat. Sie war in Paris auf einer Veranstaltung der Rockband *Eagles of Death*, als muslimische Terroristen in den Konzertsaal eindrangen und mit Sturmgewehren in die Menge schossen, ein Blutbad anrichteten. Sie floh in die obere Etage. Doch die Täter machten alle um ihr Leben Zitternde dort ausfindig. Die Gotteskrieger bereiteten den Geiseln die Hölle auf Erden. Ein junger Mann warf sich auf sie und verhinderte ihr Schreien und ihren Befreiungsversuch. Er verteilte das Blut aus seinen Wunden überall um sie herum. Dann flüsterte er: ›Stell dich tot!‹ Man hielt sie für tot. Das rettete ihr das Leben, denn alle anderen wurden grausam umgebracht. Als das Massaker vorbei war, stand er auf, lächelte und ging. Sie schrieb mir: *Das war das Lächeln eines Engels.*«

Selbst Daniel sieht seine Mutter mit stummen Augen an. Sie erklärt: »Er ist sinnloser Gewalt mit selbstloser Hilfsbereitschaft begegnet. Wo unglaublicher Hass herrschte, hat er grenzenlose Liebe gelebt. Er hat meiner Freundin das Leben geschenkt, wo der Tod waltete. Sie beendete ihren Brief mit den Worten: *Mehr Engel, mehr Weihnachten habe ich noch nie erlebt. Ich fühlte mich wie neugeboren.*«

Versöhnung und Friede

51 *Das Fest des Wieder-gut-seins*

22. Dezember. Die längste Nacht des Jahres ist vergangen. Ab jetzt werden die Tage wieder länger. Die Sonne steigt höher und höher. Es wird heller und heller. Toms Miene aber bleibt finster.

Dabei hatte er gestern an seinem Namenstag zusammen mit seiner Mutter und seiner Schwester einen solch schönen Tag erlebt. Sie haben den ganzen Tag gebacken: Vanillekipferln und Spritzgebäck, Makronen und Zimtsterne, Lebkuchen und Kokosplätzchen. Als Vati am Nachmittag nach Hause kam, hat er mitgeholfen. Er war sogar der Fleißigste, hat sein Tannenbaum-Förmchen gar nicht mehr aus der Hand gelegt. Sterne, Herzen und die Halbmonde durften die anderen ausstechen. Mit Zuckerguss und Streuseln verzierten sie dann gemeinsam das Gebackene.

Als alles fertig war, setzten sie sich an den Esstisch. Jetzt durfte sich jeder drei Plätzchen, nur drei, aussuchen und probieren, sie sich schmecken lassen. Alle anderen legte die Mutter in eine große Gebäckdose. Sie sollte erst am Heiligabend wieder hervorgeholt werden.

Doch am nächsten Tag fehlten einige Kekse, ausgerechnet welche von den Schönsten, den Größten, den Leckersten. Wie in dem Gedicht von James Krüss »Die Weihnachtsmaus« war diese auch »über Nacht gekommen« und hat genascht und sich nicht einmal zimperlich bedient. Ganz offensichtlich hatte die kleine Maus einen Bärenhunger.

Am Frühstückstisch meint Mila: »Ich glaube, ich kenne die Weihnachtsmaus. Ich habe nämlich mitbekommen, dass Tom heimlich um Mitternacht unser Schlafzimmer verlassen hat.«

Die Mutter schimpft, der Vater ist entsetzt und Tom lässt den Kopf hängen, schaut aus den Augenwinkeln seine Schwester böse an. Nach dem Frühstück sitzt er vor dem Haus und schmollt. Eigentlich wollte er mit Mila am großen Südhang Schlitten fahren. Das lieben sie, denn sie haben immer großen Spaß dabei. Die Freude darauf ist ihm vergangen. Er denkt, mit der ollen Petze unternehme ich heute nichts. Kann er auch gar nicht, denn der Knoten des Seils, mit dem er den Schlitten am Eingang angebunden hat, ist eingefroren, mit einer dicken Eisschicht überzogen.

Er sitzt sehr lange da, steckt seine Hände immer

wieder tief in die Taschen, zieht sich ständig die Mütze über beide Ohren, denn es ist kalt.

Plötzlich fallen Tropfen auf den Boden. Die Kraft der Sonne nimmt gegen Mittag zu. Darum beginnen die Eiszapfen an der Dachrinne zu schmelzen. Vielleicht auch, weil die Sonne vom wolkenlosen Himmel unentwegt scheint. Der Knoten taut auf. Mila hüpft aus dem Haus, setzt sich neben ihren Bruder und lächelt ihn liebevoll an. Die Sonne lässt auch Toms Herz auftauen. Warmherzig denkt er: »Weihnachten steht vor der Tür, das Fest des Verzeihens, des Wieder-gut-seins.«

52 *Versöhnliche Weihnacht*

Alexander war fünf Jahre alt, als seine Eltern sich scheiden ließen. Wie alle Kinder litt er unter der Trennung. Seine Trauer wurde gemildert, weil das Auseinandergehen ziemlich friedlich verlaufen war, wenn man das bei einem solch einschneidenden Ereignis überhaupt sagen kann. Er lebte die Woche über bei der Mutter, schon weil er seine Kindergartenfreunde behalten, nicht noch eine weitere Trennung verkraften sollte. Er besuchte aber so oft wie möglich seinen Vater, manchmal fast jedes Wochenende. Auf diese gemeinsamen Tage freute

Alexander sich sehr, besonders weil sein Vater sich mehr Zeit für ihn nahm als früher.

Das ging so über Jahre. Als Alexander in die Schule kam, lebte eine neue Frau bei seinem Vater. Mit ihr verstand er sich auf Anhieb bestens. Die Stunden des Miteinanders waren jetzt noch schöner, Spiele wie »Mühle«, »Schwarzer Peter« oder »Mensch ärgere dich nicht« noch lustiger, besonders wenn seine neuen Großeltern mitmachten. Der jetzige Opa ärgerte sich über die Maßen, wenn er verlor, was Alexander besonders amüsierte. Überhaupt war dieser Opa ein richtiger Spaßvogel.

Doch das Verhalten seiner Mutter veränderte sich von Mal zu Mal, mit jedem Treffen. Immer öfter verhinderte sie, dass ihr Ex seinen Sohn abholen konnte. Immer häufiger wurde schlecht über die Neue an Vaters Seite gesprochen. Sie habe einen sehr schlechten Einfluss auf ihn, behauptete die Mutter. Es fiel sogar das Wort »Hexe«. Nicht nur einmal!

Immer öfter riet sie ihrem Sohn, von sich aus auf den Umgang mit »diesen Leuten« zu verzichten, möglichst ihn ganz und gar zu meiden. Redete ihm ein, dass er ihr Essen nicht vertrage, seine schulischen Leistungen nachließen, vor allem sein Verhalten ihr gegenüber sich drastisch verschlechtere, sodass sie ihn gar nicht mehr so richtig lieb haben könne. Kurzum, sie behauptete, der Umgang mit »denen« wirke sich negativ auf ihn aus.

An einem Samstag im Hochsommer, Alexander besuchte mittlerweile die dritte Klasse, standen die neuen Großeltern vor der Haustür und wollten ihn abholen. Seine Mutter sagte: »Fragen Sie ihn selbst, ob er mitkommen will.« Alexander entschuldigte sich bei ihnen mit der Begründung, er habe keine Zeit, er müsse noch sehr viele Hausaufgaben erledigen und für die anstehende Klassenarbeit üben. Am selben Abend rief sein Vater an und wollte mit seinem Sohn reden. Der war für ihn nicht zu sprechen. Nicht an diesem Abend, nicht an den nächsten Tagen, nicht in der kommenden Zeit.

Sommer und Herbst vergingen. Nichts änderte sich! Die Adventszeit war gekommen, in der Klasse zündeten sie die erste Kerze am Kranz an. Als das dritte Licht brannte, sprachen sie im Unterricht über das anstehende Weihnachtsfest, über die Geburt Jesu vor zweitausend Jahren, über das Kind in der Krippe, den Erlöser, der gekommen war, um der Welt Frieden zu bringen. Die Lehrerin, Frau Fröhlich, sagte: »Weihnachten ist das Fest des Friedens für uns Menschen, für euch Kinder wie für die Erwachsenen.« Sie betonte, jeder solle überdenken, ob er wirklich mit allen in Frieden lebe. Sie forderte ihre Schüler auf, den ersten Schritt zum Vertragen zu machen, so sie in Unfrieden mit irgendjemandem lebten.

Sie hob hervor: »Die Weihnachtszeit ist die Zeit

des Versöhnens, Spielkameraden entschuldigen sich, Freunde reichen sich die Hände, Eltern nehmen sich oder ihr Kind in den Arm.« Sie mahnte alle ihre Schülerinnen und Schüler, daran zu denken: »Diese Tage sind eine Zeit des Neuanfangs.«

Auf dem Heimweg gingen Alexander die Worte seiner Lehrerin nicht mehr aus dem Kopf. Er dachte an seinen Vater, der bestimmt sehr traurig sein musste, an seinen lustigen Opa, an die neue Frau des Vaters, die immer gut zu ihm war, sich nie wie eine Hexe verhalten hatte, im Gegenteil, manchmal wie ein Engel.

Noch am selben Abend rief er seinen Papa an, fragte ihn, ob er ihn am Wochenende besuchen dürfe. Er spürte durch das Telefon seine Freude, wie ihm Steine vom Herzen fielen. Dann schlug sein Vater vor: »In ein paar Tagen ist Weihnachten, sollten wir nicht einen Neuanfang starten? Frag Mama, ob wir das Fest des Friedens alle miteinander feiern wollen!« Dann legte Alexander auf, nachdem er das Treffen am Wochenende zugesagt hatte.

53 *Eine Adventskerze als Zeichen*

Eines der bekanntesten Gleichnisse der Bibel ist das vom verlorenen Sohn (Lk 15,11-32). Jesus sagte zu seinen Jüngern: »Ein Mann hatte zwei Söhne.

Und es sprach der Jüngere von ihnen zum Vater: ›Vater, gib mir den mir zustehenden Teil des Vermögens‹!«

Der Messias berichtete, dass der Vater das Vermögen unter seinen beiden Söhnen aufteilte. Der Jüngere zog mit seinem Erbteil fort in ein fremdes Land und verschleuderte dort sein Geld, weil er in Saus und Braus lebte. Als er all seinen Besitz durchgebracht hatte, eine schwere Hungersnot das Land, in dem er sich aufhielt, heimsuchte und der Verarmte sich jetzt seinen Unterhalt auf Feldern verdienen musste, indem er Schweine hütete und sich ernährte, indem er Schoten aß, die das Futter für die Tiere waren, dachte er: ›Wie viele Tagelöhner meines Vaters haben Brot im Überfluss, während ich vor Hunger umkomme!‹ Da fasste er folgenden Entschluss: Ich werde aufstehen, zu meinem Vater gehen und ihm sagen: ›Vater, ich habe gesündigt gegen den Himmel und gegen dich, ich bin nicht mehr wert, dein Sohn zu heißen. Mache mich zu einem deiner Tagelöhner.‹ Und er stand auf, ging heim. Als er noch weit entfernt war, erkannte ihn sein Vater. Er bekam Mitleid und empfing ihn mit einem Kuss. In dem Gleichnis heißt es weiter, dass der Vater das beste Gewand holen ließ, ihm einen Ring an die Hand steckte und Sandalen für die Füße gab. Er ließ sogar ein Mastkalb schlachten und sie feierten ein Fest. Jesus sprach in diesem

Gleichnis über seinen himmlischen Vater, ›der sich über jeden freut, der Buße tut‹.

Hier auf Erden laufen derartige Geschehnisse in den meisten Fällen nicht so reibungslos und friedlich ab. Im weiteren Verlauf des Gleichnisses spielt der neidische Bruder auch eine wichtige Rolle.

Ebenso war es bei Bertram Jäger. Auch er hatte sich sein Erbteil auszahlen lassen, um auf eigenen Füßen zu stehen. Der Familie kehrte er weitgehend den Rücken, ging auf Distanz zu allen, weil der Streit um die Höhe des Erbes Wunden geschlagen hatte. Dafür gewann er neue Freunde, die fest an seiner Seite standen, solange die Geschäfte gut liefen. Er feierte mit ihnen unzählige Partys, gönnte sich längere Urlaube, brachte ein kleines Vermögen mit wechselnden Geliebten durch. Seine Familienangehörigen kontaktierte er nur noch postalisch an den hohen kirchlichen Feiertagen, beglückwünschte sie telefonisch zu ihren Wiegenfesten und ließ ansonsten kaum noch etwas von sich hören. Persönliche Kontakte zur Familie hatte er gar keine mehr.

Die Wirtschaftskrise, die ganz Deutschland erfasste, ähnlich der Hungersnot im Gleichnis, brachte die Wende in seinem Leben. Sie traf viele Betriebe in Deutschland, seinen besonders. Er musste Insolvenz anmelden, ging in Konkurs, stand plötzlich völlig mittellos da. Die ehemals so zahlreichen Wegbegleiter reduzierten sich auf ein Minimum, machten sich rarer und rarer, bis keiner mehr übrig blieb. Weil er nicht zu einem Hartz-IV-Empfänger werden wollte, suchte er sich neue Bekannte, schlechte Freunde, geriet mit ihnen auf die schiefe Bahn, weil sie ihn in krumme Geschäfte verwickelten. Er landete schließlich im Gefängnis.

Während der dreijährigen Haft, zu der er verurteilt wurde, riss der Kontakt zu seiner Familie völlig ab. Es gab beiderseits kein Lebenszeichen, geschweige denn einen Besuch. Wie der verlorene Sohn auf dem Feld hatte er in der Zelle Zeit zum Nachdenken. Wie dieser bereute er sein Handeln, sein ziemlich verpfuschtes Leben, bedauerte von Herzen den Bruch mit seiner Familie und sagte sich, selbst wenn ich wie der reumütige Sohn zurückkäme, mich würde keiner aufnehmen, denn wer will es schon mit einem mittellosen Bruder, einem Knastbruder zudem, zu tun haben. Kurz vor Weihnachten wurde er wegen guter Führung entlassen.

Am Boden zerstört, ohne Hoffnung auf Versöhnung schrieb er dennoch seiner älteren Schwester einen Brief und bat sie um ein Treffen, möglicherweise sogar um ein paar Stunden im Kreis ihrer Familie zum Fest der Liebe. Als Zeichen, dass er ihr Heim betreten dürfe, sollte sie eine Adventskerze ins Fenster stellen.

Zögernden Schrittes, schweren Herzen, ohne Hoffnung auf Vergebung näherte er sich ihrem Haus.

Die Überraschung war riesengroß. Die Auffahrt säumten zahlreiche Weihnachtssterne. Der Eingang wurde von unzähligen Teelichtern und roten Kerzen erleuchtet.

54 *Besuch vom Christkind*

In vielen südlichen Ländern bedeutet ein Kind vor der Ehe eine Schande für die Familie, für die ganze Sippe. Darum versuchen junge Frauen, wenn sie schwanger sind, diesen Fehltritt geheim zu halten.

Herr Costa Pappalardo feiert sein fünftes Weihnachtsfest ohne Familie in seiner Vier-Zimmer-Wohnung. Obwohl er ganz allein ist, schmückt er sie jedes Jahr festlich, stellt den Adventskranz auf, dekoriert Fenster, Schränke und Ablagen mit Schmuck, der zu diesen Festtagen passt. Er backt sogar Plätzchen und Stollen, genehmigt sich hin und wieder einen Becher Glühwein. Dabei schaut er nicht selten auf ein Foto, das neben einer stets brennenden Kerze steht. Ein schmerzhafter Blick! Es zeigt seine Frau und seine Tochter. Sie sind vor fünf Jahren bei einem Autounfall umgekommen, einen Tag vor Heiligabend. Tränen rinnen jedes

Mal über seine Wangen, wenn er daran denkt, dass er seine Tochter ein halbes Jahr vor der Unglücksfahrt nicht mehr gesehen hat, weil er ihren Verlobten kategorisch ablehnte. Im Streit sind sie auseinandergegangen. Wie gerne würde er jetzt beide in den Arm nehmen und ihnen seinen Segen geben.

Er sitzt bei Kerzenlicht vor seiner Krippe, in Gedanken versunken. Es klingelt. Er schrickt auf. Wer kann das sein, wer besucht ihn am Heiligabend? Sicherlich hat sich jemand in der Tür geirrt. Zögerlich begibt er sich dorthin und öffnet. Ein junger Mann und ein Kind stehen dort. Sie sagen kein Wort, schauen ihn nur erwartungsvoll an. Sie brauchen auch nichts zu sagen. Herr Pappalardo erkennt sofort, das Kind hat ihre Augen, ihren Mund, vor allem ihren Liebreiz. Er sieht seine Tochter vor sich, wie sie war als Kleinkind, fällt auf die Knie wie die Hirten vor dem Neugeborenen.

»Sie hat sich nicht getraut, es dir zu sagen«, stottert der Beinahe-Schwiegersohn, »deine Tochter hat sich geschämt wegen des unehelichen Kindes, das sie unter ihrem Herzen trug. Es ist wenige Wochen vor ihrem Unfall zur Welt gekommen. Jetzt ist es sechs Jahre und fragt nach seinem Opa.«

Der Großvater bringt kein Wort heraus, schließt nur schweigend abwechselnd beide in die Arme. Ihm ist, als seien der Weihnachtsmann und das Christkind zugleich zu ihm gekommen.

Gelebte Weihnacht

55 *Ein Hoffnungsschimmer*

Kurz vor Weihnachten auf ihrer Tour durch Madison im Bundesstaat Wisconsin stieg in Natalie Barnes' Linienbus ein älterer Herr ein. Sie war auf ihrer üblichen, nächtlichen Route, die bisher ohne besondere Vorkommnisse verlief, bis dieser besagte Fahrgast kam.

»Ich bin Richard«, sagte er, »ich bin jetzt ein Obdachloser, lebe seit einer Woche auf der Straße. Bauarbeiter haben über Nacht meine einsturzgefährdete Bleibe abgerissen, ohne Rücksicht auf mich und meine drei Mitbewohner. Ich muss mich erst langsam an die bittere, winterliche Kälte gewöhnen. Ich werde das erste Mal das Fest der Liebe auf der Straße feiern. Lassen Sie mich nur ein paar Minuten mitfahren, damit ich mich aufwärmen kann, um nicht zu erfrieren! Bitte!«

Frau Barnes ließ den vor Kälte Zitternden einsteigen und während ihrer sechsstündigen Schicht konnte er auf dem hinteren Sitz bleiben. Sie löste für ihn auf ihre Kosten eine Fahrkarte und am Ende ihrer Arbeitszeit spendierte sie ihm an einer Imbissbude zudem noch ein warmes Essen. Richard fiel ihr mit Tränen in den Augen dankend um den Hals.

Am nächsten Tag stand er wieder an dieser Haltestelle. Frau Barnes öffnete diesmal ganz selbstverständlich die Tür, nickte einladend. Eine Fahrkarte löste sie nicht mehr, wäre ein Kontrolleur zugestiegen, hätte sie ihr Handeln als Nothilfe deklariert. Dafür brachte sie ihm an den nächsten Abenden belegte Brote und heißen Tee mit, manchmal auch ein Stück Christstollen oder einige ihrer selbstgebackenen Plätzchen, Walnüsse oder Lebkuchenherzen. Mit spendablem Herzen gab sie ihr Mitgebrachtes, besonders jetzt in der vorweihnachtlichen Zeit. Am Heiligabend hatte sie vormittags Dienst. Auf der hintersten Bank hatte sie ihm einen Gabentisch bereitet, neben Leckereien und Süßigkeiten hatte sie auf das festliche Tuch auch Käse, Schinken und Wurst gelegt, dazu ein Paar wärmende Handschuhe und dicke Socken.

Trotz weniger Fahrgäste sprach sich ihr Handeln herum. Es gibt Menschen, für die das kleine Glück anderer selbst zum großen Unglück wird. So kam ihr Tun auch ihren Vorgesetzen zu Ohren. Im Sinne des Gesetzes war dies ein Vergehen und hätte eine Abmahnung, im Wiederholungsfall sogar eine

Kündigung zur Folge haben können, schlimmstenfalls sogar müssen.

Das Besondere an dieser Geschichte, sie ist wahr und das ganz Besondere: Ihre Vorgesetzten rügten nicht ihre Angestellte, sondern lobten sie für ihre Barmherzigkeit. Sie erhielt vom Bürgermeister nach den Feiertagen sogar eine Auszeichnung.

Ihr Handeln und das Verhalten ihrer Vorgesetzten beweisen, dass auch in einer Zeit, in der Weihnachten weitgehend ein kommerzielles Fest geworden ist, der Auftrag der Krippe, liebet einander, tut Gutes euren Nächsten, gelebt wird. Ein weihnachtlicher Hoffnungsschimmer!

56 *Weihnachten ist überall*

Wie immer an den letzten Tagen vor Weihnachten bilden sich vor den Kassen der Kaufhäuser lange Menschenschlangen. Sie bestehen in erster Linie aus jenen Mitbürgern, denen auf den letzten Drücker einfällt, dass sie noch ein Geschenk brauchen. Sie alle haben es eilig, schauen missmutig, wenn vor ihnen jemand steht, der sie aufhält, der ihren Last-minute-Kauf verzögert.

An Kasse fünf stand eine solche Person. Eine ältere Dame hielt ihr Portmonee in ihren zittrigen Händen und zählte ihr Geld. Ihre Kleidung ließ darauf schließen, dass sie nicht gerade in Geld schwamm.

Obwohl sie ausschließlich Sonderangebote und herabgesetzte Ware genommen hatte, ihr Bares reichte nicht, das Ausgesuchte zu bezahlen. Karten hatte sie nicht. Ein Teil der Waren musste aussortiert, der Endbetrag storniert werden. Jedermann war klar, das dauerte seine Zeit, weil die Kassiererin einen Vorgesetzten rufen musste.

Die hinter ihr Wartenden wurden missmutig, einige murrten still vor sich hin. Einer rief laut: »Nun machen Sie schon! Ich möchte Heiligabend zu Hause verbringen.« Dieser oder jene stimmte ihm zu, einige applaudierten sogar, andere baten ihn, sich zu mäßigen.

Der Herr aber, der unmittelbar hinter der Dame stand, griff nach ihrer Geldbörse. Er sagte leise: »Sie müssen einmal die alten Rechnungen ausmisten, entwertete Fahrkarten wegwerfen, Ihre Geldscheine sortieren.« Dann gab er ihr das Portmonee zurück, lächelte und meinte: »Sehen Sie doch noch einmal genau nach! Ganz hinten steckt noch ein Zwanzig-Euro-Schein.«

»Ganz unmöglich!«, versicherte ihm die alte Dame.

»Doch, doch«, beharrte der ältere Herr, »schauen Sie nur! Es reicht, um Ihre Ware zu bezahlen und vielleicht können Sie sich noch einen kleinen Wunsch erfüllen.«

Die Augen der Frau leuchteten, sie sagte nur: »Danke! Vielen Dank!«

Der ältere Herr erwiderte: »Weihnachten ist immer und überall.«

57 *SOS*

Herr Noll biegt mit dem Auto um die Ecke und hält vor seinem Grundstück. Im Licht der Scheinwerfer bemerkt er einen Jungen, der über das Blumenbeet rennt und von der kleinen Mauer springt. Beim Aufkommen fällt dieser auf die Knie. Wie von der Tarantel gestochen, stürzt Herr Noll aus seinem Auto und macht sich über den Übeltäter her. Er packt ihn am Kragen, dann nimmt er ihn in den Würgegriff.

»Hol' die Polizei!«, ruft er seiner Frau zu und sie greift hastig zum Handy.

»Was machst du auf unserem Grundstück?«, kreischt Herr Noll. Als er im frühabendlichen Halbdunkel erkennt, dass der Eindringling die Wand beschmiert hat, gerät er außer sich vor Wut. Er zieht an den Haaren des Jungen, als wolle er sie ausreißen.

»Für den Schaden wirst du aufkommen, und wenn es hundert Jahre dauern sollte!«, brüllt er. Dabei drückt er den Hals des Jungen fest zu, dass er kaum Luft bekommt.

Einige Minuten später fährt ein Streifenwagen vor. Zwei Polizisten eilen aus dem Fahrzeug. Herr Noll schildert in wenigen Worten den Sachverhalt, dann führen die beiden Beamten den Sprayer ab. Noch immer außer sich vor Zorn betritt Herr Noll sein Haus und bedient sich an der Bar.

»Wir werden uns den Schaden morgen im Hellen ansehen«, versucht die Frau, ihren Mann zu beruhigen.

Am nächsten Tag ruft Herr Noll Frau Kleinert an. Sie ist eine Freundin, mit der er kegelt und die hier in der Stadt als Jugendrichterin arbeitet.

»Versprich mir«, bittet er sie, »dass du die Höchststrafe verhängst! Dieses Beschmieren von Fassaden, Mauern und Brückenbögen muss ein Ende haben. Ach, und noch etwas, sorge dafür, dass er für den Schaden irgendwie aufkommen muss!«

Frau Kleinert verspricht, hart durchzugreifen.

Noch immer aufgebracht, kehrt Herr Noll am Abend heim. Seine Frau bereitet gerade das Abendbrot. Als sich ihr Mann an den Esstisch gesetzt hat, sagt sie, und es klingt fast beiläufig: »In vier Tagen ist Heiligabend. Ich möchte den Jungen einladen, mit uns die Festtage zu verbringen.«

Herr Noll lässt die Gabel fallen und schnappt nach Luft wie ein Fisch auf dem Trockenen. »Du willst … was?«

»Den Jungen einladen. Er soll mit uns Heiligabend verbringen und, wenn er möchte, auch die Feiertage«, sagt Frau Noll und hebt wie zur Bestätigung das Messer, mit dem sie gerade die Leberwurst auf das Brot streicht. »Es war gar nicht so einfach, in diese Richtung die ersten Schritte zu unternehmen. Erst musste ich zur Polizei, um den Namen und die Anschrift zu erfragen. Er lebt im Heim in der Karolinenstraße.«

»Um Gottes Willen, warum bist du überhaupt dort hingegangen?«

»Ja, weißt du«, antwortet die Frau, »in deiner Erregung ist dir gar nicht aufgefallen, wie ruhig der Junge war, als du ihn gewürgt und misshandelt hast.«

»Misshandelt habe?«

»Ja, und der Junge war brav wie ein Lamm. Aber noch mehr staunte ich über das, was er an die Wand geschrieben hat. Das war ein Schrei nach Hilfe.«

»Ich habe mir die Schmierereien noch gar nicht angesehen.«

»Das weiß ich.«

Frau Noll stellt einen kleinen Salat und ein paar Brote auf den Tisch. Dann sagt sie: »Der Junge lebt also in dem Kinderheim in der Karolinenstraße. Er ist vor einem halben Jahr dort hingekommen. Seine Mutter ist Alkoholikerin, sein Vater ein Herumtreiber. Wenn die Mutter in der Lage war, den Sohn zu versorgen, dann bekam er auch etwas zu essen. Aber oft ging das Kind hungrig zu Bett oder schmutzig in die Schule. Der Vater ließ sich manchmal wochenlang nicht sehen, ernährte die Familie nur ungenügend, eher kaum. Freunde und Verwandte halfen, damit sein Sohn nicht verhungerte. So wuchs das Kind auf, viel allein und fast ohne Liebe. Und dennoch hat es bitterlich geweint, als es eines Morgens die Mutter tot auf dem Flur fand. Sie war spät in der Nacht betrunken die Treppe hinuntergestürzt und hatte sich das Genick gebrochen. Der Junge bemerkte das Unglück erst am nächsten Tag. Sie war ihm eine schlechte Mutter, aber dennoch sein einziger Halt auf dieser Welt. Der Vater meldete seinen Sohn gleich nach der Beerdigung in einem Heim an. Mit der Begründung, der Junge brauche eine strenge Hand und er habe keine Zeit, sich um die Erziehung des Kindes zu kümmern.

Hier lebt der Junge nun seit einem halben Jahr und ist noch nicht einmal vom Vater besucht worden. Der Heimleiter meint, er wird ihn auch nicht Weihnachten zu sich holen.«

»Aber dafür müssen wir doch nicht einspringen.«

»Müssen nicht! Aber wir sollten es tun. Dieser Junge braucht jemanden. Im Heim hat er kaum Kontakt zu den anderen Jugendlichen. Er verkriecht sich in sein eigenes Schneckenhaus. Vielleicht schämt er sich wegen seiner Familie.«

Frau Noll trinkt einen Schluck Tee. Dann setzt

sie ihren Bericht fort: »Der Heimleiter lässt nicht gern Kinder oder Jugendliche über die Feiertage in irgendwelche Familien gehen. Ich denke, er hat recht. Da erleben sie zwei Tage friedvolles Familienleben und dann werden sie wieder abgeschoben. Das schmerzt. Ich habe ihn überzeugt, dass es bei uns anders ist. Wir wollen uns mit ihm versöhnen.«

»Mit einem solchen Schmierfinken?«

»Mit einem solchen Schmierfinken! Weihnachten ist das Fest der Liebe. Ich frage mich, ob das nicht nur eine Worthülse ist. Wenn wir es ernst meinen, sollten wir Taten folgen lassen. Denn wenn einer an die Wand schreibt: ›Satt werden ist noch nicht leben!‹, dann schreit er förmlich nach Liebe.«

Frau Noll sieht ihren Mann bittend an: »Du solltest die Einladung aussprechen. Und ich hoffe, der Junge nimmt sie an.«

58 *Ein spätes Weihnachtsgeschenk*

Mara sitzt im Wintergarten und beobachtet die Vögel am Futterhaus. Sie freut sich über ihr munteres Treiben, ihr fröhliches Gezwitscher, ihren Flug in den grenzenlosen Himmel. Es erfüllt sie dann stets eine große Sehnsucht nach unendlicher Bewegungsfreiheit, die ihr genommen ist, denn sie sitzt in einem Rollstuhl.

Voriges Jahr war sie in den Weihnachtsferien mit ihren Eltern und ihrem Zwillingsbruder im Skiurlaub in Flachau im schönen Österreich. Dort bezogen sie, wie schon seit Jahren, bei der Familie Kofler ein Appartement in der Nähe des Kinderspielplatzes, dessen Geräte aber in dieser Jahreszeit unter einer dicken Schneedecke versteckt waren.

Wegen der unterschiedlichen Geschwindigkeiten und der verschiedenen Interessen an den Abfahrten wählte jedes Familienmitglied seinen eigenen Weg ins Tal. Ganz nach Belieben! Sie verabredeten sich aber zu jeder vollen Stunde an unterschiedlichen Treffpunkten, um ein Schwätzchen abzuhalten oder einen Einkehrschwung vorzunehmen.

Als Mara dieses Mal zum vereinbarten Zeitpunkt nicht eintraf und alle auf sich warten ließ, schwante der Familie nichts Gutes. Schon beim Anstellen am Lift hatte der Vater gehört, dass ein Mädchen verunglückt und mit dem Ackja, einem Rettungsschlitten der Bergwacht, abtransportiert worden war.

Beunruhigt beendete die Familie den Skitag und fuhr ins Krankenhaus. Aus der Ungewissheit wurde Klarheit, die Befürchtungen bewahrheiteten sich. Mara war am späten Vormittag dort eingeliefert worden.

Der behandelnde Arzt eröffnete den Eltern, dass ihre Tochter über einen Abhang hinausgeschossen war und sich dabei schwer verletzt hatte. Er sah jeden Einzelnen mit mitleidsvollen Blicken an und stellte dann fest: »Mit großer Wahrscheinlichkeit wird sie gelähmt bleiben.«

»Ist sie für ihr ganzes Leben an einen Rollstuhl gefesselt?«, fragte der Zwillingsbruder entsetzt.

Darum sitzt Mara im Rollstuhl und schaut dem munteren Treiben der Vögel zu, das ihr Herz tief bewegt. Am Heiligabend setzt sich einer auf ihre Fensterbank, der nicht zu den anderen passt. Sein Körper ist leuchtendgelb, seine Flügel mausgrau. Er ist gar nicht scheu, denn er fliegt nicht weg, als Mara das Fenster öffnet, im Gegenteil, er hüpft auf den hingehaltenen Zeigefinger und lässt sich mit in die Wohnung nehmen. Ganz offensichtlich ist er an den Umgang mit Menschen gewöhnt. Die Mutter meint: »Wir werden ihn über die Feiertage hierbehalten müssen, denn die Kälte verträgt er nicht, draußen erfriert er.« Sie holt den alten Vogelbauer aus dem Keller, in den sie ihn hineinsetzen. Eilig besorgt sie vor Ladenschluss noch das nötige Futter.

»Nach Weihnachten werden wir eine entsprechende Anzeige aufgeben. Sein Besitzer wird ihn bestimmt vermissen.« Während der Feiertage beschäftigt sich Mara viel mit ihrem neuen Untermieter, füttert und tränkt ihn, spricht mit ihm und liebkost ihn, lässt ihn ausgiebig in ihrem Zimmer fliegen.

Schon am ersten Werktag begibt sich die Mutter in das Verlagshaus wegen des Inserates. Mara ist glücklich, als sich in der nächsten Zeit niemand meldet. Am 2. Januar aber klingelt das Telefon. Ein junger Mann erkundigt sich nach seinem entflogenen Tier. Es gibt keinen Zweifel, er ist der rechtmäßige Besitzer, denn er kann ihn genau beschreiben. Nur für den Außenstehenden sehen alle Kanarienvögel gleich aus.

Schon am selben Nachmittag klingelt es an der Tür. Ein Jugendlicher, etwa in ihrem Alter, steht dort, um seinen Hansi abzuholen. Mara bittet ihn herein und das Tier fliegt auch sogleich auf dessen Schulter, um mit ihm zu schmusen. Er erklärt sein spätes Kommen so: »Wir waren über die Feiertage im Skiurlaub. Darum habe ich mich erst jetzt gemeldet. Unsere Nachbarin, eine sehr betagte Frau, die die Blumen gießt, hat auch meinen Hansi fliegen lassen, aber vergessen, das Fenster zu schließen. So ist er ihr entwischt.«

Der Junge, der sich inzwischen mit seinem Namen Luca vorgestellt hat, sieht in Maras traurige Augen. Plötzlich sagt er: »Meine Nachbarin hat versucht, den angerichteten Schaden wiedergutzumachen und mir einen Neuen besorgt.«

Er schaut Mara lange an, sieht die Hoffnung in ihren Augen. Darum schlägt er vor: »Ich glaube, ich habe mich schon ein bisschen an seinen Nachfolger gewöhnt. Wenn du willst, kannst du Hansi behalten.« Mara nickt freudig.

»Ich hätte aber eine Bitte. Du müsstest mir erlauben, ihn hin und wieder zu besuchen.« Mara streckt ihm ihre ausgebreiteten Hände entgegen. Luca nimmt sie in den Arm. Späte Weihnachtsgeschenke können so schön sein, besonders wenn sie viel Mitgefühl zeigen.

59 *Erlebte Predigt*

Thomas Schiller stammt aus einem ›gut katholischen Haus‹. Schon vor seinem Abitur stand für ihn fest, dass er einmal Theologie studieren und Priester werden würde. Nach der Weihe feierte er in seiner Gemeinde die Heimatprimiz, seine erste heilige Messe an dem Altar, an dem er schon in vielen Gottesdiensten als Messdiener gekniet oder gestanden hatte.

Neben den üblichen Kirchenbesuchern waren auch Geistliche anderer Gemeinden, einige seiner ehemaligen Mitschüler, die komplette Verwandtschaft, vor allem seine überaus glücklichen und stolzen Eltern gekommen. Diese hatten ihm zur Feier des Tages einen Kelch und eine Patene, die Hostienschale, geschenkt. Den Primizsegen, den ersten Segen eines Neugeweihten, von dem besondere Gnadenwirkung ausgehen soll, erteilte er nicht nur allgemein, sondern jedem Anwesenden persönlich, zuerst seiner Mutter und seinem Vater.

Der junge Priester freute sich auf seine Arbeit in irgendeiner Pfarrei, in die Gott ihn senden werde. Mit Eifer wollte er sich besonders der Jugendarbeit widmen sowie den Alten und Sterbenden beistehen.

Gottes Wege aber sind unergründlich. Der Ausfall des Pfarrers in einer Justizvollzugsanstalt zwang die Obrigkeit, ihn kurzzeitig erst einmal dort einzusetzen. Wenige Tage vor Weihnachten erhielt er die Nachricht von seiner außergewöhnlichen Betätigungsstelle. Noch nie hatte der so behütete Sohn mit Kriminellen, gar Schwerverbrechern zu tun gehabt, noch weniger wusste er, wie man mit ihnen umgeht, welche Sprache sie verstehen. Während seines Studiums hatte es niemals eine Vorlesung noch ein Seminar zu dieser Thematik gegeben. Völlig verzweifelt begab er sich an seinen Einsatzort. Sein Seelenschmerz war darum sehr groß, weil er seinen Vorgänger, der im Koma lag, nicht um Rat fragen konnte.

Seinen Antrittsgottesdienst sollte er am 25. Dezember, am ersten Weihnachtstag also, in der Gefängniskapelle halten. Er lag die ganze Nacht wach und bat den Allmächtigen um Hilfe. Doch der Vater im Himmel schwieg, erteilte ihm zunächst keinen väterlichen Rat.

Ohne ein Konzept, ohne passende Worte auf einem Stück Papier schritt er in die Kapelle, die zu seinem Erstaunen und Entsetzen gut gefüllt war. Antreten hieß es also vor so vielen Knastbrüdern. Aufgeregt, um göttlichen Beistand flehend, stolperte er über die erste Stufe und fiel der Länge nach auf den Boden. Dort verweilte er einen kurzen Augenblick, hörte, wie die Stille sich in schallendes Gelächter verwandelte. Dann rappelte er sich auf, trat an das Lesepult und sagte mit fester Stimme:

»Meine lieben Mitbrüder, ich wollte heute meine erste Predigt halten, nun habe ich sie euch gezeigt.« Das Gelächter brach abrupt ab. Es wurde mucksmäuschenstill im Kirchenraum. »Ihr habt gesehen, dass man, wenn man gefallen ist, wieder aufstehen kann. Jesus Christus hat einmal gesagt, nicht die Gesunden bedürfen des Arztes, sondern die Kranken. Das gilt auch für den Heiland, dessen Fest wir heute begehen. Der Erlöser ist nicht in die Welt gekommen für die Gerechten. Einen Retter brauchen die, die gefallen sind, die Gestrauchelten, und die Sünder, auch die, die mit dem Gesetz in Konflikt geraten sind. Ihr alle könnt aufstehen und neu anfangen. Ihr habt dabei einen mächtigen Partner an eurer Seite, der für euch in die Welt gekommen ist, und ihr könnt sicher sein, im Himmelreich wird über einen reuigen Sünder mehr Freude sein als über neunundneunzig Gerechte.«

Dann faltete er die Hände und sprach das Vaterunser. Jeder, der das Gebet noch konnte, stimmte ein! Es waren nicht wenige.

60 *Aus der Krise lernen*

Mitte April 2020, mitten in der Coronakrise.

Sie ist Gemeindehelferin, er Koch, beide in Kurzarbeit. Wegen der Pandemie sitzen sie schon seit Wochen missgelaunt in ihrem Wohnzimmer und haben gerade den Fernseher ausgeschaltet. Sind der ständigen Sondersendungen zur Pandemie überdrüssig. Sie meinen, diese sind nicht dazu geeignet, die Stimmung zu verbessern, führen eher zur Verunsicherung, verbreiten Ängste oder schüren Depressionen. Nach Wochen der Kontaktsperre ist die Sehnsucht nach Besuchen und Besuchern riesengroß. Man möchte Bekannte, Freunde, besonders aber die lieben Verwandten nicht nur telefonisch oder über die sozialen Netzwerke kontaktieren, sondern sie herzlich umarmen, ihnen persönlich gegenübersitzen und mit ihnen von Angesicht zu Angesicht sprechen. Sie großzügig bewirten.

»Vielleicht«, sagt sie nachdenklich zu ihrem Mann, »hat diese Krise auch etwas Gutes.«

»Was soll gut daran sein, im Zimmer zu hocken,

an die Wand zu starren oder wie ein wildes Tier eingesperrt in einem Käfig hin und her zu laufen.«

»Wir nehmen einander bewusster wahr, reden mehr miteinander. Erkennen, wie wichtig es ist, jemanden zu haben, mit dem man seine Gedanken austauschen, seine Sorgen teilen kann. Dinge zu achten, die man vor der Krise für selbstverständlich gehalten hat«, erklärt die Frau ihre Überlegung.

Ihr Mann sieht sie ungläubig an. Sie fährt fort: »Glaube mir, Schatz, wenn Hektik und Stress einmal wieder unseren Alltag bestimmen, werden wir uns vielleicht mit gewisser Wehmut an die stillen, besinnlichen Tage erinnern!«

»Daran zweifle ich!«

»Und die tiefe Freude, die man hatte, wenn Selbstverständliches nicht mehr selbstverständlich war und man es dennoch bekam. Wenn man gelernt hat, sich wieder auf etwas von ganzem Herzen zu freuen.«

Sie trinkt einen Schluck Tee und beginnt zu erzählen: »Im letzten Jahr besuchte ich am Montag nach dem ersten Adventssonntag die alte Frau Freitag in unserer Gemeinde. Sie war sehr gebrechlich, wollte aber partout noch nicht in ein Pflegeheim, weil sie im Großen und Ganzen die hygienischen Verrichtungen noch selbst erledigen und andere Handgriffe im Haushalt zum größten Teil eigenständig ausführen konnte. Ihre Mahlzeiten bekam sie vom Lieferdienst ›Essen auf Rädern‹, den Einkauf erledigte ein Pfleger, der ihr auch ansonsten bereitwillig zur Hand ging. Auch ich war für sie da, saß, sooft es mir meine Zeit erlaubte, an ihrem Bett, hörte ihr zu, leistete ihr Gesellschaft. Ihre Wohnung hatte sie seit einer Ewigkeit nicht mehr verlassen. Und sie klagte trotzdem nicht.

An diesem Montag, sie hatte sich hingelegt, saß ich wieder einmal an ihrem Bett und da erzählte sie mir: ›Ich habe seit Monaten meinen Sohn, seine Frau und meine Enkelkinder nicht gesehen. Aber sie haben mir versprochen, sie werden mich am ersten Weihnachtstag besuchen.‹

Ich sah das Leuchten in ihren Augen, die stille Freude in ihrem Gesicht. Sie beschwerte sich nicht mit einer Silbe, war zufrieden mit ihrem glücklichen Ausharren, mit der Hoffnung auf einen Besuch, auf den sie noch Wochen warten musste. Als ich mich verabschiedete, schaute ich in ein Gesicht, das große Vorfreude, inneren Frieden ausstrahlte.«

Die Frau sieht ihren Mann ernst an und fügt hinzu: »Wir sprechen in der Weihnachtszeit viel von besinnlichen Tagen. Aber sind sie wirklich besinnlich, in dem ganzen Trubel, der stetigen Hektik, mit der wir sie begehen? Wir können von dieser alten Dame viel lernen, sie kann uns Vorbild sein im geduldigen Warten, mit dem zufrieden sein, was man hat, was man erleben darf. Wir sollten aus dieser Zeit der Enthaltsamkeit in allen Bereichen, aber Stunden der Stille, des Innehaltens, des Nachdenkens uns vornehmen, sie in unseren späteren Alltag des Öfteren einzubauen. Einer besinnlichen Weihnachtszeit auch wirkliche Besinnlichkeit geben.«

Geschichten mit Tieren

61 *Die Legende vom Kraftpaket*

Am ersten Weihnachtstag besucht Christina ihre Großmutter. Sie bewundert den schönen Christbaum mit den roten Kugeln und den leuchtenden Lichtern. Neben dem Baum steht eine Krippe, eine besondere, fast so groß wie die in der Kirche. Den Stall hat der Großvater aus Baumrinden selbst gebaut und das Dach mit Moos bedeckt. Die Figuren, die Oma dazugestellt hat, kaufte sie schon vor Jahren auf einem kunstgewerblichen Weihnachtsmarkt. Maria und Josef stehen rechts und links neben dem Jesuskind, das in einer Krippe auf echtem Stroh liegt. Davor knien Hirten, hinter denen sich einige ihrer Schafe versammelt haben. Im Hintergrund befinden sich Ochs und Esel. Vor der Krippe hockt ein kleiner Vogel.

Christina sieht ihre Großmutter erstaunt an und fragt: »Warum ist der Piepmatz hier?«

»Setzen wir uns«, bittet sie die Oma, »dann werde ich dir eine Geschichte erzählen, die auch noch heute zur Weihnachtszeit viele Erzieherinnen in den Kindergärten gerne vorlesen.«

Sie nehmen auf einem kleinen Sofa Platz. Die Großmutter berichtet: »Eine Legende sagt, als der liebe Gott die Tiere des Waldes und des Feldes, des Wassers und der Luft erschaffen hatte, waren alle sehr zufrieden mit ihrem Aussehen, nur ein kleiner Vogel nicht. Der himmlische Vater hatte jedes Geschöpf mit besonderen Eigenschaften ausgestattet und ihm ein schönes Kleid gegeben. Nur diesem nicht! Sein Gefieder war grau, einfarbig, unauffällig. Er beschwerte sich darum bei seinem Schöpfer: ›Himmlischer Vater, du hast allen Himmelsstürmern, den Schmetterlingen wie den Vögeln, besonders schöne Flügel gegeben, bunt schillernde und farbenprächtige, damit sich die Menschen an ihnen erfreuen, sie entzückt anschauen.‹

Er sah traurig an sich herunter und meinte: ›Mich aber hast du gestraft! Warum? Ich habe ein graues, schmuckloses Gefieder!‹ Dann setzte er verbittert hinzu: ›Ein hässliches!‹

Der Allmächtige blickte den Enttäuschten liebevoll an und versicherte ihm: ›Du wirst deine Farbe noch bekommen, wenn du deine Aufgabe erfüllt hast, die ich für dich vorgesehen habe. Denk an meine Worte! Denk an mein Versprechen!‹

Voller Zuversicht flog der Vogel davon.«

»Was war seine Aufgabe?«, fragt neugierig die

Enkelin, die gespannt zugehört hat. »Erst essen wir ein paar unserer selbstgebackenen Kekse und trinken einen heißen Kakao.« Der Großvater erfüllt den Wunsch und bringt die Plätzchen und das Getränk, schaut seinen Sonnenschein an und fragt: »Soll ich die Legende weitererzählen? Ich kenne sie aus meiner Kinderzeit.«

»Nein, nein! Lass das lieber die Oma machen. Ich glaube, sie kann das besser.« Dann sieht Christina ihren Großvater schuldbewusst an und lobt ihn diplomatisch: »Dafür bist du der bessere Krippenbauer. Und ein guter Kellner!«

Großmutter berichtet weiter: »Als Maria und Josef in Betlehem auf Herbergssuche waren, von den Wirten überall abgewiesen wurden, fanden sie schließlich einen Stall, der sie vor dem Wind und der Kälte schützte. Maria gebar dort ihren Sohn, ihren Erstgeborenen. Von den Mühen der langen Reise und den Strapazen der Geburt erschöpft, fielen die Eltern, nachdem sie das Kind in die Krippe gelegt hatten, in einen tiefen Schlaf. Ein kleiner Vogel, der in einer Hecke vor dem Eingang saß, hat das Wunder dieser Nacht beobachtet.«

Die Oma schaut Christina an und fragt: »Du weißt wer?« Die Enkelin nickt, ist aber zu gespannt, um zu antworten.

Darum fährt die Großmutter auch unverzüglich fort: »Die Eltern schliefen also fest und tief, aber ihr

Baby war putzmunter und spielte mit dem Stroh. Der kleine Vogel bemerkte, dass das Feuer langsam heruntergebrannt war und der Wind, der durch die Ritzen blies, das Kind frösteln ließ. Darum fing er kräftig an zu singen, um die schlafenden Eltern aufzuwecken, damit sie sich um den Neugeborenen kümmern konnten. Er versuchte auf diese Weise, ihn vor dem Erfrierungstod zu retten. Doch seine Stimme war zu schwach, zu dünn, zu leise, um die tief Schlafenden zu wecken.«

Die Oma macht eine kurze Pause und meint dann: »Die Menschen heute nennen diesen kleinen Vogel auch das Kraftpaket. Seine enormen Kräfte zeigte er jetzt. Er flog in den Stall, fuchtelte und schlug kräftig mit seinen Flügeln vor dem Feuer auf und ab, flatterte und flatterte, so lange, bis es wieder lichterloh brannte und das Kind in der Krippe wärmte.«

»Der liebe Gott hatte ihm doch eine Farbe versprochen!«

Die Oma lächelt: »Er hat sein Versprechen gehalten. Der kleine Held war bei seinen Bemühungen, das Feuer wieder zu entfachen, so nah an die Flammen herangeflogen, dass er sich die Brust und den halben Hals verbrannte und eine rote Wunde dort entstand. Du siehst diese Vögel sehr oft im Garten mit rotem Hals und rötlicher Brust …«

»Das Rotkehlchen«, ruft Christina begeistert.

62 *Der störrische Esel*

Im Innenhof einer Klosteranlage in Süddeutschland wurde jedes Jahr eine wunderschöne Krippe aufgestellt. Alle Figuren standen nicht nur da in natürlicher Größe, sondern wurden während der Festtage sogar durch lebendige Tiere ersetzt, selbst Ochs und Esel, und nicht nur Schafe und Ziegen.

Fremde wunderten sich, dass die Einheimischen stets mit der Hand erst liebevoll über den Kopf des Esels fuhren und zärtlich seinen Hals streichelten, bevor sie sich zum Gebet vor der Heiligen Familie niederknieten.

Diese Zeremonie geht auf den Dorfschullehrer zurück, der den Kindern im Unterricht vor Weihnachten jedes Jahr diese Legende erzählte: »Dem heiligen Josef erschien in Betlehem im Traum ein Engel, der ihm riet, mit Maria und dem Kind zu fliehen, weil Herodes ihrem Sohn nach dem Leben trachtete. Die Weisen aus dem Morgenland hatten sich bei ihrer Ankunft in Betlehem bei ihm nach dem neugeborenen König der Juden erkundigt. Sie vermuteten ihn in seinem Palast. Der Herrscher erschrak zu Tode, als er davon hörte, ließ sich aber nichts anmerken und bat die drei Weisen, wenn sie ihn gefunden hätten, sollten sie ihm den Ort mitteilen, dann wolle auch er ihn anbeten. In Wirklichkeit gab er aber den Befehl, alle neugeborenen

Knaben zu töten, denn er fürchtete um seinen Thron.«

Dann schaute der Dorfschullehrer jedes Mal seine Schüler an, die gespannt zugehört hatten, und fuhr nach einer längeren Pause fort: »Maria war von dem langen Marsch und den Mühen durch die Geburt zu geschwächt, um eine weite Reise mit einem Neugeborenen anzutreten. Darum suchte Josef nach einem Ausweg. Sein Blick fiel auf den Esel, der in der hintersten Ecke des Stalles stand. Er bat den Besitzer, ihm diesen zu verkaufen. Der Preis, den er forderte, war viel zu hoch für den armen Josef. Unerschwinglich! Darum versuchte er, ihn zu drücken. Wie jeder clevere Käufer redete auch er die Sache, die er erwerben wollte, in diesem Fall den Esel, schlecht. Er wies darauf hin, dass er schon sehr alt sei, bestimmt bald sterben würde und keinesfalls in der Lage wäre, schwere Aufgaben zu erfüllen. Außerdem behauptete er, das Langohr sei kraftlos, schwach und dürr, sehr zottelig dazu. Man wurde schließlich handelseinig, und Josef war froh, für Maria ein Reittier gefunden zu haben.«

Nachdem der Pädagoge dies kundgetan hatte, ging er jedes Mal zum Fenster und schaute hinaus. So steigerte er die Spannung bei seinen Schülern. Dann setzte er sich wieder an sein Pult und berichtete weiter: »Der Esel hatte alles mitbekommen und war nicht erfreut darüber, wie sein neuer Besitzer über ihn sprach. Als Maria mit dem Kind im Arm auf ihm Platz genommen hatte, setzte er nicht einen Fuß vor den anderen. Er wurde zu einem störrischen Esel. Was immer auch Josef anstellte, ob er schimpfte, an der Leine zog oder ihm einen Klaps auf sein Hinterteil gab, das Tier bewegte sich keinen Millimeter von der Stelle. Erst als das Jesuskind ihm zärtlich mit seiner kleinen Hand über den Kopf und den Hals fuhr und dies immer und immer wieder, trabte er los. Viel Liebe hat ihn gerührt und gnädig gestimmt.«

Der Dorfschullehrer gab zum Schluss seinen Schülern immer diesen Rat: »Lernt von dem himmlischen Kind! Wenn ihr in Zwietracht mit jemandem seid, versucht, nicht mit zornigen Worten oder bösen Taten euer Recht durchzusetzen, sondern bemüht euch mit Liebe, euch mit ihm zu vertragen! Mit viel Liebe! Nehmt einander in die Arme!«

Durch das Streicheln des Esels erinnern sich die Gläubigen jedes Jahr erneut an den Rat des Dorfschullehrers, wie das Jesuskind zu handeln. Die liebevolle Berührung vom Kopf oder Hals des Esels in ihrer Krippe ist mehr als eine Gedächtnisstütze. Sie ist ein Versprechen.

63 *Ein Weihnachtsgeschenk für zwei*

Alle freuen sich auf Weihnachten, nur nicht die Gänse. Auf einem kleinen Bauernhof schnattern sie in der Adventszeit besonders laut, bangen um ihr Leben. Sie wissen, jetzt werden die meisten von ihnen abgeholt und weggebracht. Unter ihnen ist auch Regina, eine ganz besonders schöne Gans, die ein wenig einem stolzen Schwan gleicht.

Eines Morgens steht auf dem Hof ein jüngeres Ehepaar. Er sieht sehr streng aus, könnte ein Lehrer sein, sie gutmütig, vielleicht eine Erzieherin oder liebevolle Mutter. Sie blickt nur kurz über das schnatternde Federvieh, dann geht sie zielstrebig auf Regina zu und sagt zu dem Bauern: »Die nehmen wir!«

Dabei schaut sie ihren Mann an, der zustimmend nickt. Der Landwirt ergreift die Ausgewählte und händigt sie dem Gatten aus. Die anderen Tiere des Bauernhofes, der Hund und die Katze, schauen erleichtert hinterdrein. Sie wissen, sie dienen den Menschen für andere Dinge als für eine gute Mahlzeit. In einer kleinen Hundebox transportieren die neuen Besitzer Regina ab, lebend.

So erreicht die verängstigte Gans einen kleinen Hof. Hier wird sie in einen Käfig gesperrt und in der hintersten Ecke versteckt. Durch das Gitter kann sie die anderen Tiere des kleinen Gehöftes beobachten. Sie laufen alle munter umher: ein paar Enten, dazwischen Kaninchen und Meerschweinchen, eine große Ziege, zwei kleine Schafe, eine niedliche Katze und ein schwarzer Hund, der alle bewacht.

Jeden Tag versorgt die Frau Regina liebevoll, lässt sie aber nicht aus ihrem Käfig. Eines Morgens kommt der Mann, sein Blick ist jetzt nicht mehr so ernst, putzt erst das Federkleid und bindet ihr dann eine Schleife um den Hals. Danach nimmt er sie auf den Arm und trägt sie ins Haus.

Dort leuchten an einem Weihnachtsbaum Lichterketten, funkeln die Sterne, zieren ihn bunte Kugeln. Unter ihm steht eine liebevoll gestaltete Krippe. Regina wird zwischen die sorgfältig gepackten Geschenke gesetzt.

Plötzlich öffnet sich die Wohnzimmertür und ein kleines Mädchen stürmt herein. Es hat nur Augen für Regina.

»Ich bekomme eine Gans«, jubelt das Kind, eilt mit ausgestreckten Armen auf ihr Geschenk zu, kniet nieder und umschlingt freudig Reginas Hals. Regina hört die Frau sagen: »Wir Vegetarier lieben Tiere eben lebendig und schlachten sie nicht. Deine Gans kannst du nachher zu den anderen Tieren bringen. Dort darf sie mit ihnen herumlaufen und sich ihres Lebens freuen.«

64 *Ein besonderes Weihnachtsmahl*

Einige Wochen vor Weihnachten hat Herr Gruber beim Bauern Horstmann Enten gekauft, lebende. »Meine Mularden sind die besten Enten, besser als alle anderen Arten, die es zu kaufen gibt«, behauptet der Landwirt. »Sie haben hervorragendes Fleisch, zart und bekömmlich, und wachsen ganz natürlich auf. Es leben auf meiner riesengroßen Wiese in Freiheit nur vierzig an der Zahl. Die Leute rennen mir die Türen ein, um eine zu bekommen.« Herr Gruber hat gleich zwei erstanden, war schon früh genug bei ihm, am Anfang der Adventszeit. Er ist stolz auf sich.

Auf dem Heimweg plagen ihn Zweifel. Er denkt: »Was wird meine Frau zu diesem Einkauf sagen? Wird sie schimpfen, weil ich zu viel Geld ausgegeben habe? Wäre der Erwerb einer fetten und ausgenommenen Pekingente beim Metzger nicht besser gewesen? Wo soll die Familie die beiden munteren Vögel bis zum Fest aufbewahren? Wer übernimmt ihre tägliche Fütterung bis zur Schlachtung?«

Mit klopfendem Herzen und gespannten Blicken präsentiert er zu Hause seinen Einkauf. Es kommt anders, als er dachte. Seine Frau lobt ihn über den Klee, bewundert über die Maßen die wunderschönen Exemplare. Die Kinder klatschen vor Freude in die Hände, wissen auch gleich Lösungen für seine Probleme: »Wir sperren sie in den Kaninchenstall hinter unserem Haus, der steht leer«, schlägt Melanie, seine große Tochter, vor und Peter, zwei Jahre jünger als seine Schwester, bietet an: »Ich füttere sie freiwillig jeden Tag. Ihr müsst mir nur besorgen, was ich ihnen geben soll.« In der Familie Gruber herrscht größte vorweihnachtliche Harmonie. Die nächsten Tage verlaufen auch zur höchsten Zufriedenheit aller.

Alles wäre bestens gewesen, wenn die Nächte nicht so furchtbar kalt geworden wären. Der Winter hielt das Land fest in eisiger Hand. In der Dunkelheit schleicht Peter aus seinem Bett und öffnet den Verschlag. Dort entnimmt er Trude, so hatte er die eine genannt, und Sophie, so die andere, und trägt sie in sein Bett. Nur unter der warmen Decke wollen die beiden partout nicht bleiben, watscheln lieber über das Kissen, das Laken und die Decke.

Peter verbringt die halbe Nacht damit, sie immer wieder einzufangen. Gegen Morgen erwacht Melanie, aufgeweckt von der Unruhe, die im Schlafzimmer herrscht. Spontan unterstützt sie ihren Bruder und bietet ihm an, eine der Enten zu übernehmen und unter ihre Decke zu stecken. Das war ein guter Vorschlag, getrennt sind beide lammfromm. Noch ehe Vater und Mutter aufwachen, bringen die Geschwister ihre Schützlinge zurück in den Stall. Eltern müssen nicht alles wissen. Das geht einige Tage gut. Die Enten gewöhnen sich an die Bettwärme und die Kinder an ihre lebendigen Kuscheltiere.

Es hätte so bleiben können bis Weihnachten. An einem Morgen ist jedoch Sophie, weil sie früher wach wurde als alle anderen, durch die halbgeöffnete Tür über den Flur in die Küche gewatschelt, die die Mutter zum Vorbereiten des Frühstücks wenig später betritt. Nach einem kurzen Schreck hebt sie das neue Haustier auf und steuert nicht den Hof, sondern, nichts Gutes ahnend, das Schlafzimmer ihrer Kinder an.

Das freundliche, aber laute und energische »Guten Morgen« weckt beide gleichzeitig auf. Auch Trude erschrickt und verlässt ihre warme Mulde. Es hagelt ein kleines Donnerwetter. Die fürsorglichen Kinder erklären mit liebevollen Worten ihr Handeln. Die Mutter, herzensgut wie ihre Kinder, wird ihre Verbündete und alle Drei bringen, bevor der Vater irgendetwas mitbekommt, die Übernachtungsgäste dahin, wo sie hingehören.

Auch das geht einige Zeit gut, bis der Vater, weil ihn ein Bedürfnis früher aus dem Bett treibt als sonst, die Kinder beim Zurückbringen der Tiere erwischt. Im Gegensatz zu seiner Frau ist er bedeutend ungehaltener, meint, das Schlachtvieh sei doch kein Spielzeug.

Die Kinder, ebenso die Mutter, versuchen ihn zu beruhigen, was ihnen bei einer guten Tasse Kaffee und einem liebevoll gedeckten Tisch auch gelingt und sie schließen einen Kompromiss. Die Tiere dürfen nachts im Kinderzimmer bleiben, aber nicht im Bett, nur in dem Laufstall, den beide früher benutzt haben. Alle sind einverstanden und der vorweihnachtliche Frieden ist wiederhergestellt.

Alles wäre auch wieder gut gewesen, wenn nicht Weihnachten immer näher rückte und die Tiere nicht die Herzen der Kinder erobert hätten. Vater spricht jetzt öfter vom weihnachtlichen Festmahl, auf das er sich sehr freut. Er hat sich sogar die Mühe gemacht, im Internet verschiedene, prämierte Rezepte herauszusuchen.

Dann ist es so weit! Der Schlachttermin steht unmittelbar bevor! Die Kinder haben auf einmal keinen Hunger mehr auf zarte Brust oder leckere Keulen mit Klößen und Rotkohl. Melanie meint: »Ich bekomme keinen Bissen herunter, wenn ich daran denke, dass es Trude ist, die auf meinem Teller liegt.« Peter sagt unter Tränen: »Ich werde nichts essen, weil sie mir so leidtun.« Auch die Mutter bekommt feuchte Augen. Papa Gruber verschlägt es die Sprache, schaut sich seine trauernde, schluchzende, wehklagende Familie fassungslos an.

Eines ist ihm klar, es wird morgen wie immer Kartoffelsalat mit Würstchen geben. Der aber allen schmecken wird, so gut wie noch nie. Das ist sicher.

Stichwortregister